SEBASTIAN LEHMANN

»Mit deinem Bruder hatten wir ja Glück«

Sebastian Lehmann

»Mit deinem Bruder hatten wir ja Glück«

Telefonate mit meinen Eltern

GOLDMANN

Originalausgabe

Sollte diese Publikation Links auf Webseiten Dritter enthalten,
so übernehmen wir für deren Inhalte keine Haftung,
da wir uns diese nicht zu eigen machen, sondern lediglich auf
deren Stand zum Zeitpunkt der Erstveröffentlichung verweisen.

 Dieses Buch ist auch als E-Book erhältlich.

Bereits in anderer Version und teilweise unter anderem Titel erschienen:

»Witzig«. In: Über Wachen und Schlafen. Systemrelevanter Humor.
Das Lesedünenbuch. Voland & Quist 2011 und Ullstein 2015.
»Das Fest der Liebe«, »Geschenke«, »Rommé«, »Selfie«.
In: Bühne 36: Über Arbeiten und Fertigsein: Real existierender
Humor. Voland & Quist 2015.
»Lebkuchen«. In: radioeins: Moment mal! Was die Zeit
mit uns macht. Rowohlt 2017.

1. Auflage
Originalausgabe November 2018
Copyright © 2018 by Wilhelm Goldmann Verlag, München,
in der Verlagsgruppe Random House GmbH,
Neumarkter Straße 28, 81673 München
Umschlaggestaltung: UNO Werbeagentur, München,
unter Verwendung eines Autorenfotos von @ Annika Zieske
Lektorat: Doreen Fröhlich
DF · Herstellung: kw
Satz: Uhl + Massopust, Aalen
Druck und Einband: GGP Media GmbH, Pößneck
Printed in Germany
ISBN 978-3-442-15962-8
www.goldmann-verlag.de

Besuchen Sie den Goldmann Verlag im Netz

Für meine Eltern (die echten...)

1. Gummibärchen

Meine Mutter ruft aus meiner Heimatstadt Freiburg an.

»Sebastian!«, ruft sie viel zu laut. »Hast du unser Geburtstagspäckchen bekommen?«

»Natürlich, Mama, vielen Dank!«, sage ich.

»Hat dir auch alles geschmeckt?«, ruft meine Mutter noch lauter ins Telefon.

»Ja – bis auf die Gummibärchen.«

»Wieso das denn?«, ruft sie so laut, dass ich den Telefonhörer weit vom Ohr weghalten muss. Wer mit meiner Mutter telefoniert, braucht die Freisprechfunktion nicht. Sie denkt, je weiter man beim Telefonieren voneinander entfernt ist, desto lauter muss man sprechen. Und ich bin in Berlin ja ziemlich weit weg. Wenn sie mit ihrer Nichte in den USA telefoniert, verlässt mein Vater immer den Raum.

»Schrei doch nicht so«, sage ich. »Nur weil Freiburg und Berlin achthundert Kilometer voneinander entfernt sind, heißt das noch lange nicht, dass du so brüllen musst.«

»Was meinst du?«, schreit meine Mutter. »Die Verbindung ist so schlecht.«

»Die Verbindung ist gar nicht schlecht, Mama, du bist nur sehr alt und schwerhörig!« Flüstere ich.

»Das habe ich gehört«, ruft meine Mutter.

»Siehst du, die Telefonverbindung ist einwandfrei. Du hörst einfach immer nur das, was du hören willst.«

»Was?«

»Quod erat demonstrandum«, sage ich.

»Nur weil du Griechisch in der Schule hattest, heißt das noch lange nicht, dass du was Besseres bist.«

»Das war Latein.«

»Was? Ich verstehe dich einfach nicht«, sagt meine Mutter resigniert.

»Ich dich auch nicht. Schon seit Jahren. Und das hat gar nichts mit der Telefonverbindung zu tun.«

»Was war denn nun mit den Gummibärchen nicht in Ordnung? Die isst du doch immer so gerne.«

»Seit ich Vegetarier bin, esse ich keine Gummibärchen mehr, weil da Gelatine drin ist«, sage ich. »Das habe ich dir schon tausendmal erklärt.«

»Was hat das denn miteinander zu tun?«

Ich rolle mit den Augen.

»Da brauchst du gar nicht so mit den Augen zu rollen!«

Ich zucke zusammen. Mütter haben ja manchmal übermenschliche Kräfte, sie können zwar oft nicht verstehen, was wir Kinder sagen, aber gleichzeitig fühlen, was wir denken.

»Die Gummibärchen sind mit Schwein«, sage ich.

»Darauf habe ich mein ganzes Leben lang gewartet«, ruft mein Vater von hinten ins Telefon.

»Die schmecken nicht nach Schwein, Papa. Die benutzen tierische Gelatine für die Konsistenz.«

»Gummibärchen und Schwein, das ist doch Blödsinn! Auf so was kommst auch nur du«, sagt meine Mutter. »So wie du als kleines Kind geglaubt hast, in der Milka-Schokolade wären lila Kühe drin.«

»Das habe ich überhaupt nicht geglaubt. Ich war ein sehr intelligentes Kind.«

»Oder dass dein Hamster Schnulle überlebt hat, als du ihn zu wissenschaftlichen Zwecken in die Waschmaschine gesteckt und auf Schleudern gedrückt hast.«

»Aber, aber ...«, stammle ich entsetzt, »er hat doch wirklich noch gelebt danach.«

»Ich sag's mal so.« Meine Mutter räuspert sich. »So herkömmliche Hamster sehen sich ziemlich ähnlich. Und Schnulle 2 war doch auch nett.«

»Aufhören! Sofort aufhören!«, rufe ich. »Ich will

das alles gar nicht wissen. Bis jetzt dachte ich immer, ich hätte eine schöne Kindheit gehabt.«

»Für dich war sie auch schön«, sagt mein Vater. »Aber das muss ja für uns nicht auch so gewesen sein.«

»Zurück zu den Gummibärchen«, wechsle ich schnell wieder das Thema. »Es gibt auch sehr leckere vegetarische Gummibärchen ohne Gelatine. Die esse ich noch.«

»Die sind aber viel teurer«, ruft mein Vater.

»Das bin ich euch doch wert«, sage ich empört.

Meine Eltern schweigen lange.

»Wir können nächstes Jahr auch einfach die Gummibärchen weglassen«, schlägt meine Mutter vor.

»Wie auch immer«, sage ich. »Apropos Geld. Gerade läuft es nicht so gut, und die letzten zwei Urlaube waren auch ein wenig teuer. Könntet ihr mir mal wieder einen Betrag im höheren dreistelligen Bereich überweisen? Das wäre sehr nett.«

Stille.

»Sebastian? Jetzt hör ich dich wieder gar nicht«, ruft meine Mutter dann. »Die Verbindung ist ganz schlecht. Hallo, hallo, Sebastian? Krschh Schhh. Schhh. Schhhh.«

»Mama, du machst doch das Rauschen nur nach!«

»Tuut. Tuut. Tuut.«

»Papa, hör auf zu tuten!«

»Leg jetzt auf«, flüstert mein Vater meiner Mutter zu.

»Krsch Rrsch. Tuut Tuut.«

»Hallo, seid ihr noch da?«

»Tuut Tuut.«

»Das ist doch albern!«

Tuut Tuut.

»Hallo?«

»Tuut Tuut.«

»Ach, scheiße.«

2. Verletzt

Meine Mutter ruft aus meiner Heimatstadt Freiburg an.

»Es tut so weh«, jammere ich sofort, bevor sie etwas sagen kann.

»Was hast du denn gemacht?«, fragt meine Mutter.

»Ich hatte einen Unfall«, sage ich.

»Zum Glück haben wir für dich eine Lebensversicherung abgeschlossen«, ruft mein Vater von hinten ins Telefon.

»Das ist das Erste, das dir in den Sinn kommt, wenn es mir schlecht geht, Papa?«

»Na ja, immerhin bekommen wir eine halbe Million, wenn du … ähm …«

»Willst du etwa, dass ich sterbe?«

»Nein, nein«, sagt mein Vater. »Aber wir haben ja schon ganz schön viel Geld in dich reingesteckt – ich würde auch sagen, eher mit mäßigem Erfolg –, da wäre es doch schön, wenn irgendwann mal wieder was zurückkommt.«

»Papa!«

»Jetzt streitet euch nicht«, unterbricht uns meine Mutter. »Was für einen Unfall hattest du denn, Sebastian? Ist es sehr schlimm?«

»Ich ... ich ... habe mir vorhin ... mit einem riesigen Messer ... beim Brotschmieren ... in den Finger geschnitten! Es hat sogar kurz geblutet.«

»Die halbe Millionen können wir vergessen«, sagt mein Vater resigniert.

»Oh Gott, Sebastian, das hört sich ja furchtbar an! Warst du schon im Krankenhaus? Muss man den Finger abnehmen?«

»Es ist schon ziemlich schlimm mit meinem Finger, aber irgendwie habe ich das Gefühl, du meinst das jetzt ironisch.«

»Ich bin deine Mutter«, sagt sie, »und Mütter meinen grundsätzlich nichts ironisch.«

»Es ist zwar nett, dass du dir so viele Sorgen machst, doch so wahnsinnig schlimm ist es gar nicht mehr.«

»Nicht dass du eine Blutvergiftung bekommst!«, ruft meine Mutter panisch. »Hast du die Wunde ausgespült? Jod draufgemacht? Einen sterilen Verband angelegt?«

»Es ist alles in Ordnung. Warum bist du denn so

panisch? Als sich Papa kürzlich im Garten mit der Kettensäge in den Oberschenkel gesägt hat, warst du eigentlich ganz entspannt.«

»Meine Lebensversicherung ist sogar eine Million hoch«, ruft mein Vater stolz.

»Das war doch nicht so schlimm«, sagt meine Mutter. »Man konnte das Bein ja wieder annähen.«

»Sogar als du dir im letzten Urlaub beide Schultern gleichzeitig ausgerenkt hast, meintest du, es wäre nur ein Kratzer.«

»Der Schmerz der Kinder fühlt sich hundertmal schlimmer an als der eigene. Jetzt mach etwas Salbe drauf und leg den Finger hoch, dann wird alles wieder heil, mein Schatz.«

Sofort geht es mir besser.

»Ach, Mutter«, sage ich den Tränen nahe. »Was soll ich nur machen, wenn du mal nicht mehr bist.«

»Mit den zwei Millionen von ihrer Lebensversicherung wird uns schon was einfallen«, ruft mein Vater und legt auf.

3. Kochen

Meine Mutter ruft an.

»Gerade ist es schlecht«, sage ich und klemme mir den Telefonhörer zwischen Kopf und Schulter. »Ich koche.«

»Seit wann kochst du denn?«, ruft meine Mutter überrascht.

»Ich wohne schon sehr lange nicht mehr bei euch. Und wenn ich nicht verhungern will, muss ich auch manchmal selbst kochen.« Ich schaue prüfend in den Backofen, dann gehe ich ins Wohnzimmer und setze mich aufs Sofa.

»Aber du bist doch ein Mann. Also, irgendwie jedenfalls.«

»Mama! Heutzutage kochen auch Männer. Nur weil Papa nicht kochen kann, heißt das noch lange nicht, dass Männer generell nicht Essen zubereiten können.«

»Ich kann kochen!«, ruft mein Vater von hinten.

Meine Mutter und ich müssen lachen.

»Spiegeleier sind kein vollständiges Gericht, Papa.«

»Manchmal schneide ich auch noch Schinken rein«, sagt mein Vater.

»Was kochst du denn gerade, Sebastian?«, fragt meine Mutter. »Dosenravioli?«

»So ekligen Fertigfraß würde ich nie essen. Bei mir kommen natürlich nur gesunde Zutaten auf den Tisch. Heute probiere ich ein neues Rezept aus. Es gibt ein Zucchini-Seitan-Süßkartoffel-Gratin mit geriebenem Parmesan, dazu Artischocken und Fenchelpesto an Ingwer-Sud.«

»Ich würde da ja noch Schinken reinschneiden«, meint mein Vater fachkundig.

»Jetzt bin ich doch beeindruckt, das hätte ich dir gar nicht zugetraut«, sagt meine Mutter. »Dann kannst du ja auch mal kochen, wenn du das nächste Mal bei uns in Freiburg zu Besuch bist.«

»Bitte nicht!«, ruft mein Vater.

»Für dich, lieber Erzeuger, kann ich auch einen veganen Schweinebraten mit Spinatknödel und frischen Pfifferlingen an alkoholfreier Weißweinsoße zubereiten.«

»Mit Schinken?«, fragt mein Vater.

»Ach, Sebastian, das klingt ja toll!«, ruft meine Mutter begeistert. »Dann laden wir auch gleich noch Schmidts von gegenüber ein, die werden aber staunen.«

»Jetzt übertreib mal nicht! Ich glaube, das ist nicht die beste Idee…« Aber meine Mutter hat schon aufgelegt.

Erst jetzt fällt mir der Rauch auf, der aus der Küche in die ganze Wohnung zieht. Oh nein, die Tiefkühlpizza ist schon wieder angebrannt!

4. Namen

»Hallo, Sohnemann«, ruft meine Mutter mal wieder viel zu laut ins Telefon. »Bei uns im Nachbarhaus ist jetzt einer eingezogen, der heißt auch Sebastian Lehmann. Vielleicht kennst du den ja?«

»Klar!«, sage ich. »Und du kennst wahrscheinlich alle Mütter auf der Welt oder was?«

»Wieso denn das?«

»Wir Sebastian Lehmänner gehören tatsächlich einem weltumspannenden Geheimbund an, den *Lehman Brothers*.«

»Ach, jetzt hör auf! Ist doch wirklich lustig, dass der neue Nachbar so heißt ...«

»Was für ein Zufall! Ihr habt mir wahrscheinlich den langweiligsten und am meisten verbreiteten Namen überhaupt verpasst.«

»Was motzt er denn schon wieder rum?«, ruft mein Vater von hinten ins Telefon.

»Jetzt wirft er uns auch noch vor, dass wir ihm

18

einen langweiligen Namen gegeben haben«, sagt meine Mutter zu meinem Vater.

»Wieso?«, fragt mein Vater, »So viele Stefan Lehmann gibt's doch gar nicht.«

»Er heißt doch aber Sebastian«, sagt meine Mutter.

»Wie auch immer«, brummt mein Vater

»Ich habe mal nachgeschaut: In meinem Geburtsjahr war Sebastian auf Platz 3 der beliebtesten Vornamen«, sage ich. »Da wart ihr echt kreativ. Platz zwei war übrigens Stefan, Papa. Und auf dem ersten Platz stand Christian. Aber den Namen hattet ihr ja schon für meinen Bruder verwendet.«

»Dein Bruder war halt schon immer die Nummer 1«, sagt meine Mutter.

»Sehr nett. Sebastian ist trotzdem total langweilig. Das passt gar nicht zu so einem besonderen Menschen, wie ich es bin.«

»Ja, speziell bist du schon ...«

»Sebastian Lehmann – das ist, wie wenn in eurer Generation jemand Hans Meier heißt.«

»War der nicht mal Fernsehmoderator?«, fragt meine Mutter.

»Nee, der hieß Hans *Meiser*. Der Name ist nicht ganz so langweilig.«

»Würdest du lieber Hans heißen?«

»Nein, ich meine den Nachnamen ...«

»Sebastian Meiser?«

»Mama!«

»Wenn du mal eigene Kinder hast, dann kannst du ihnen ja einen ausgefallenen Namen geben«, sagt meine Mutter. »Aber das wird ja so bald eh nichts.«

»Traut ihr mir etwa nicht zu, ein Kind zu haben?«

»Mit einem Kind ist das nicht so wie mit dem Studium. Das kann man nicht einfach hinschmeißen, wenn es einem nicht mehr gefällt.«

»Ich habe mein Studium doch gar nicht hingeschmissen. Wie oft soll ich dir das noch sagen? Ich bin Magister der Literatur, Philosophie und Geschichte.«

»Oje, das ist ja noch schlimmer.« Meine Mutter stöhnt auf.

»Jedenfalls würde ich meinem Kind einen ausgefallenen Vornamen geben, damit der langweilige Nachname etwas abgemildert wird«, sage ich. »Vielleicht was Griechisches: Agamemnon Lehmann? Klytämnestra Lehmann? Oder Ödipus Lehmann?«

»Das arme Kind!«

»Alliterationen finde ich auch gut«, sage ich. »Lisa-Ludmilla Lehmann zum Beispiel. Lucifer Lehmann. Oder auch: Lenin Lehmann.«

»Was redet er da schon wieder?«, fragt mein Vater.

»Welchen Namen er seinem Kind geben würde ...«

»Wie wär's mit Sebastian?«, schlägt mein Vater vor. »Das klingt doch gut: Sebastian Lehmann. So würde ich auch mein Kind nennen.«

Ich lege auf, indem ich mir den Telefonhörer an die Stirn schlage.

5. Die Waschmaschine

»Was ist denn das für ein Geräusch im Hintergrund?«, fragt meine Mutter verwundert.

»Meine Waschmaschine ist kaputt«, sage ich.

»Ich verstehe dich ja kaum, so laut scheppert da etwas bei dir«, ruft sie noch lauter als sonst.

Ich schalte die Waschmaschine aus. »Ja, das Ding funktioniert nicht mehr.«

»Ach, deswegen siehst du immer so abgeranzt aus.«

»Mama, wie bist du denn drauf?«

»Und die Frisur erst!«, ruft mein Vater.

»Immerhin hat er im Gegensatz zu dir noch Haare«, sagt meine Mutter zu meinem Vater.

»Manchmal bist du echt eine krass coole Bitch, Mum«, sage ich.

»Was bin ich?«

»Das ist Jugendsprache. Das sagen die Kids heutzutage, wenn sie jemanden total *gut* finden.«

»Warum kaufst du dir denn keine neue Waschmaschine?«, fragt meine Mutter.

»Waschmaschinen sind soooo teuer«, sage ich. Dabei winke ich mit einem Zaunpfahl. Eltern-Voodoo nenne ich das. Ich besitze auch eine kleine Puppe in der Gestalt meines Vaters, aus deren Hosentasche ich Mini-Geldscheine ziehe, wenn ich pleite bin. Bis jetzt hat das allerdings noch nicht so gut funktioniert, vielleicht sollte ich das Konzept mal überdenken. »Außerdem ist meine Waschmaschine noch gar nicht alt.«

»Diese neuen Produkte gehen immer schneller kaputt«, sagt mein Vater. »Früher war das noch anders, unser erstes Telefon hat dreißig Jahre gehalten. Das musste man damals von der Post mieten, war wirklich ganz einfach, man brauchte nur drei Anträge auszufüllen, die beglaubigten Geburtsurkunden aller Haushaltsmitglieder einzureichen und musste dann sechs Wochen warten.«

»Das ist ja fast so einfach wie bei O2«, sage ich.

»Wie viele Handys hattest du schon in deinem Leben, Sohn?«

»Was weiß ich ... zehn oder zwölf vielleicht?«

»Siehst du!«, ruft mein Vater triumphierend. »Heutzutage ist ja nichts mehr von Bestand.«

»Früher waren das noch nicht so hochkomplizierte Geräte, Papa. Mit so einem alten Posttelefon konnte man nur telefonieren. Ich benutze mein Smartphone als Navi im Auto, schreibe darauf E-Mails und schaue Serien.«

»Auf meinem Handy kann man das aber nicht«, beschwert er sich.

»*Man* kann das schon«, sage ich, »nur *du* kannst es nicht.«

»Bei meinem Handy gehen die Videos nur noch ganz langsam«, mischt sich meine Mutter ein. »Dabei ist es ganz neu.«

»Das ist doch schon zwei Jahre alt.«

»Ja, eben, ganz neu!«

»Meine Uhr ist vierzig Jahre alt«, meldet sich wieder mein Vater zu Wort. »Und funktioniert immer noch.«

»Die geht doch total nach«, sage ich.

»Nö, nur eine Minute. Für jedes Jahr. Aber was sind schon vierzig Minuten?«

»Vierzig Minuten sind eine Folge *Breaking Bad*«, sage ich. »Oder zehn Tweets von Donald Trump. In vierzig Minuten kann ein Weltkrieg ausbrechen, wenn Trump aus Versehen Pingpong mit Pjöngjang verwechselt.«

»Gerade haben wir noch einen Videorekorder gekauft«, sagt mein Vater. »Und jetzt gibt's nur noch diese DVDs.«

»Eigentlich gibt's jetzt nur noch Blue Ray.«

»Ist das ein amerikanischer Blues-Musiker?«, fragt mein Vater.

»Das kann doch nicht gut sein, wenn alles nach ein paar Tagen schon veraltet ist«, sagt meine Mutter.

»Veränderung ist nicht per se gut oder schlecht. Man muss immer erst mal schauen, wer davon profitiert.«

»In diesem Fall Steve Jobs«, ruft meine Mutter und wirft ihr Handy in den Müll.

»Der ist doch auch schon tot«, sage ich.

»Immerhin«, murmelt sie.

»Warum schmeißt du das Handy weg?«, fragt mein Vater meine Mutter. »Das war doch noch gut!«

»Jedenfalls brauchst du dringend eine neue Waschmaschine, damit du nicht immer so abgeranzt aussiehst«, fängt meine Mutter schon wieder an. »Was sagt denn deine Freundin dazu?«

»Die findet das gut. In Berlin ist das nämlich total hip, alle sehen hier so aus. Das nennt sich Vintage-Chic.«

»Du immer mit deinem Berlin«, sagt meine Mutter. »Da sind bestimmt alle voll die coolen Bitches.«

»Vorsicht! Mit dem Begriff musst du sparsam umgehen. Manche Leute könnten ihn auch als Beleidigung auffassen. Sag das lieber nicht zu der Kassiererin im Supermarkt oder zu den alten Damen in der Kirche. Obwohl die das wahrscheinlich ohnehin nicht verstehen würden ... Nicht mal in Berlin.«

»Wir haben da noch eine Waschmaschine im Keller, die wir nicht mehr brauchen«, ruft mein Vater. »Die kannst du das nächste Mal, wenn du bei uns in Freiburg bist, mit nach Berlin nehmen.«

»Im ICE?«, frage ich.

»Die Maschine läuft noch einwandfrei«, lässt er sich nicht beirren. »Ist noch ein gutes, altes Modell und hat kaum Macken. Man kann nur keine hellen Sachen waschen, weil die immer rostfarben werden. Und keine dunklen Sachen, weil die dann ausbleichen.«

»Klingt gut, Papa«, sage ich und haue mit dem Zaunpfahl auf die Vaterpuppe.

»Tschüss, du Bitch«, sagt meine Mutter und legt auf.

6. Lebkuchen

Ich stehe in der Küche und blicke in die Speisekammer. Dort lagern pyramidenförmig gestapelt ausschließlich Lebkuchen und Dominosteine, die ich zwischen den Jahren für dreißig Prozent reduziert im Supermarkt gekauft habe. Ich mag Lebkuchen und sehe nicht ein, warum ich nur in der Vorweihnachtszeit dieses Gebäck essen sollte.

Ich nehme eine der Packungen, reiße sie auf und stecke mir einen Lebkuchen in den Mund, dabei fällt mein Blick auf das Haltbarkeitsdatum: 31.1. Heute ist der 26. Januar. Ich habe also immerhin noch fünf Tage Zeit, die siebenundneunzig restlichen Packungen zu essen.

Das Telefon klingelt. »Hallo Sebastian, was machst du gerade?«, fragt meine Mutter.

»Hatten wir nicht verabredet, dass du diese Frage nicht mehr stellst? Das ist für uns beide zu deprimierend.«

»Ich habe mich inzwischen daran gewöhnt, dass ich nichts mehr erwarte.«

»Das ist ja total gemein«, rufe ich.

»Ich meine das gar nicht in Bezug auf dich, sondern generell. Von dir habe ich ja noch nie etwas erwartet. Du bist mein Sohn, ich muss dich sowieso lieben, egal ob du erfolgreich bist oder nicht.«

»Du machst es nur noch schlimmer, Mama.«

»Wenn man das Tal erreicht hat, geht es irgendwann wieder bergauf.«

»Immerhin ein wenig Hoffnung«, sage ich.

»Außer man ist auf einer Hochebene angelangt, und wenn die zu Ende ist, geht es doch nochmal bergab.«

»Es reicht wirklich ...«

»Und dann, nach der Ebene, kommt das Meer. Ein sehr tiefes Meer.«

»Hör bitte auf! Ich halte das nicht mehr aus. Außerdem muss ich jetzt mal anfangen zu arbeiten.«

»Zu schreiben?« Meine Mutter muss ein Kichern unterdrücken.

»Ja, schreiben. Das ist eben mein Beruf.«

»Ich hab vorhin auch geschrieben«, ruft mein Vater von hinten ins Telefon. »Den Einkaufszettel.«

»Auch kreative Arbeit ist Arbeit«, sage ich.

»*KreHaar-Tief*, so heißt der neue Friseur in der Innenstadt«, brummt mein Vater.

»Was schreibst du denn gerade?«, fragt meine Mutter versöhnlich.

»Ach, es geht nicht voran. Es ist wirklich ermüdend. Aber irgendwie ist das ja auch mein Thema, die Müdigkeit und das Schlafen als letzter Widerstand gegen die Leistungsgesellschaft.«

»Ich schlaf gleich ein«, kommentiert mein Vater.

»Du könntest eine Geschichte darüber schreiben, dass du zu unmotiviert bist, eine Geschichte zu schreiben«, sagt meine Mutter. »So wie die Rapper immer darüber rappen, dass sie die Größten sind. Nur eben ganz anders.«

»Mama, was weißt du denn über Rap?«

»Gestern war dieser eine Rapper bei dieser Talkshow im Fernsehen zu Gast, der hat das erzählt«, sagt meine Mutter. »Der hieß Thomas T oder so.«

»Thomas D«, sage ich.

»So wie Thomas D. Maizje?«

»Das wäre ein cooler Rappername«, sage ich. »Thomas D May Say.«

»Du könntest dich ja *Sebastian L don't write* nennen«, schlägt mein Vater vor.

»Seit wann kannst du denn Englisch?«, frage ich verwundert.

»Na, wir machen doch diesen Kurs an der Volkshochschule«, sagt meine Mutter. »Englisch für Eltern.«

»Habt ihr etwa noch ein anderes Leben, von dem ich nichts weiß?«

»We're your parents but we're also human beings«, sagt meine Mutter.

»Yes, kind of«, sage ich. »Was anderes: Ihr mögt doch Lebkuchen so gern. Ich habe noch welche übrig, kann ich euch ein paar Packungen schicken?«

»Nee, lass mal! Dein Vater hat zwei Paletten zwischen den Jahren gekauft und nicht bemerkt, dass sie nur bis März haltbar sind.«

»Die waren aber fünfzig Prozent reduziert«, ruft mein Vater schmatzend.

»Guten Appetit«, sage ich und lege auf.

7. Sommer

»Ist es in Berlin immer noch so kalt?«, fragt meine Mutter besorgt.

»In Berlin ist es immer kalt«, sage ich. »Selbst im Sommer schneit es hier. Das liegt daran, dass Berlin in Sibirien liegt.«

»Freiburg ist ja der wärmste Ort in Deutschland«, sagt meine Mutter triumphierend.

»Und Berlin ist angeblich der kälteste ... Das hast du mir schon sehr, sehr oft erzählt.«

»Kennst du den einen Witz, Sohn?«, unterbricht uns mein Vater.

»Den einen Witz kenne ich«, sage ich, »den anderen aber nicht.«

»Was redet er da wieder?«, fragt mein Vater.

»Du weißt doch, manchmal ist er etwas wirr«, sagt meine Mutter.

»Warum bin ich denn wirr?«

»Einfach nicht drauf reagieren«, flüstert meine

Mutter meinem Vater zu. »Das machen Schmidts auch mit ihrem Sohn so, seit sie ihn in die Klapse eingeliefert haben.«

»Ich kann dich hören, auch wenn du flüsterst. Die Verbindung ist nämlich gar nicht schlecht.«

»Also, der Witz«, sagt mein Vater. »Woran erkennt man, dass Sommer ist?« Er kichert. »Der Regen ist wärmer.«

»Sehr witzig, Papa.« Ich hole die Vater-Voodoo-Puppe hervor und lege mit dem kleinen Wählscheibentelefon in ihrer Hand auf. Aber auch das funktioniert leider nicht.

»Ziehst du dich auch immer schön warm an, wenn es so kalt ist?«, ruft meine Mutter besorgt. »Hast du überhaupt eine warme Jacke? Und richtiges Schuhwerk? Du bist ja auch immer krank.«

»Mama, ich bin fast nie krank. Und mit Mitte dreißig kann ich mich inzwischen auch allein anziehen und sogar das so genannte *Schuhwerk* aussuchen ...«

»Deinem Vater lege ich auch jeden Tag raus, was er anziehen soll«, unterbricht mich meine Mutter.

»Das war ein schöner Sommer dieses Jahr in Berlin«, sagt mein Vater und kichert wieder. »Er fiel auf einen Freitag.«

»Hör jetzt bitte auf, schlechte Witze zu erzählen!«

»Wir haben da noch eine schön warme Fleece-jacke, die könnten wir dir schicken«, lässt meine Mutter nicht locker.

»Bitte nicht!«

»Die ist aber noch gut! Die war von Tchibo!«

»Liebe Eltern, es sind dreißig Grad in Berlin. Ich sitze nur mit einer Unterhose bekleidet am Schreibtisch.«

»Oje, so hat es beim Sohn von Schmidts auch angefangen«, flüstert meine Mutter.

»Zwei Förster gehen in den Wald...«, sagt mein Vater. »Nee, der ging anders, zwei Förster schießen im Wald... Nee...«

»Ich kenne den Witz«, sage ich. »Zwei Förster treffen sich im Wald.«

»Wenn du in den Wald gehst, zieh dir aber richtiges Schuhwerk an!«, ruft meine Mutter. »Nicht dass du dich wieder erkältest.«

8. Hausmittel

»Mama, ich bin total erkältet«, jammere ich, als meine Mutter mal wieder anruft.

»Oh nein, du Armer! Das passiert, weil du im kalten Berliner Winter immer mit dem falschen Schuhwerk im Wald rumläufst. Was hast du denn? Schnupfen, Husten, Heiterkeit?«

»Das heißt Heiserkeit!«

»Was? Ich versteh dich irgendwie nicht, du klingst so komisch.«

»Genau das ist mein Problem«, krächze ich.

»Ja, ich weiß, verstanden hat dich ja noch nie jemand. Ist manchmal vielleicht sogar besser. Ich kenne da jedenfalls ein gutes altes Hausrezept gegen Schnupfen und Husten. Ich suche mal mein großes Hausmittel-Buch.«

Ich höre, wie meine Mutter ins Wohnzimmer geht und das Buch holt, das sie von ihrer Mutter geerbt hat, und die wiederum von ihrer Mutter und so weiter. Irgendwann bekomme ich es mal. Oder wahrscheinlich eher mein großer Bruder Christian.

»Sebastian, hörst du?«

»Ja, Mama, leg los!«

»Also, du wirfst drei geschälte Ingwerknollen in einen großen Topf mit heißer Gemüsebrühe, dazu gibst du sieben Salbeiblätter, zwölf Knoblauchzehen, drei klein geschnittene Äste Rosmarin, einen kandierten Apfel und einen abgehackten Taubenfuß. Das lässt du dann vierundzwanzig Stunden lang kochen.«

»Ich schneide auch immer noch Schinken rein«, ruft mein Vater von hinten ins Telefon.

»Speck geht auch«, sagt meine Mutter.

»Muss ich dann noch um den Topf tanzen oder was?«

»Sebastian, mach dich nicht lustig! Bei mir hat es immer geholfen.«

»Und das soll ich dann essen? Das ist ja total eklig. Und mit Fleisch.«

»Nee, das musst du nur inhalieren. Und danach die Brust, die Arme und den rechten großen Zeh einreiben. Aber es gibt noch eine Geheimzutat.«

»Oho! Verrätst du mir die auch?«

»Zwei Aspirin Complex dazu. Ich habe sogar mal Ingwer, Salbei, Knoblauch, Rosmarin, Apfel und

Taubenfuß weggelassen, und es hat trotzdem geholfen.«

»Und welches Hausmittel hilft gegen die Heiterkeit?«, frage ich.

»Och, ich lese da immer deine Bücher, da bekomme ich sofort schlechte Laune.«

9. Neues Telefon

»Hallo Sebastian, bist du wieder gesund?«

»Ja, deine Geheimzutat hat gut geholfen«, sage ich. »Aber Mama, ist alles in Ordnung bei dir?«

»Wieso?«

»Du bist so komisch, du hörst dich ganz anders an als sonst.«

»Warum soll ich komisch sein? Ich will meinen Sohn nur fragen, wie es ihm geht. Wir haben doch schon mindestens zwei Tage nicht telefoniert...«

Dann weiß ich, was anders ist. »Warum redest du denn auf einmal so leise?«, rufe ich. »Wir sind doch immer noch achthundert Kilometer voneinander entfernt. Oder seid ihr gerade in der Nähe?« Ich schaue mich panisch um.

»Wir haben ein neues Telefon«, sagt meine Mutter triumphierend. »Da ist die Verbindung viel besser.«

»Wurde aber auch Zeit.«

»Du bist der Erste, den ich damit anrufe. Also,

abgesehen von deinem Bruder Christian. Und Onkel Heiner. Und Schmidts von gegenüber. Und der Zeitansage der Telekom. Und …«

»Das freut mich«, unterbreche ich sie. »Und es freut mich ebenfalls, dass ihr ein neues Telefon besitzt und wir jetzt ganz normal sprechen können.«

»Das Telefon ist von Samson.«

»Samsung.«

»Sag ich doch, Samson.«

»Mama, das ist eine koreanische Firma, die SAMSUNG heißt. Soll ich dir das buchstabieren?«

»Seit wann kannst du denn Koreanisch?«

»Mama!«, schreie ich. »Das ist einfach ein Name!«

»Schrei doch nicht so«, sagt sie. »Man versteht jetzt alles so gut, weil das neue Telefon von Samson ist.«

»Mein Telefon ist ja von Ernie und Bert«, sage ich.

»Ist das auch Koreanisch?«

»Ja, Nordkoreanisch, deswegen ist die Verbindung immer ganz schlecht. Besonders wenn man weit auseinander wohnt. Dann muss man ganz laut sprechen.«

»Ist es so besser?«, ruft meine Mutter so laut, dass ich das Telefon wieder weit von meinem Ohr weghalten muss.

»Was? Ich verstehe dich nicht«, schreie ich.

»Die Verbindung ist ganz schlecht. Krsch. Schhh. Schhh.«

»Sebastian, du machst das Rauschen doch nur nach.«

»Tuut Tuut Tuut.«

»Sebastian, hör auf zu tuten. Das ist doch albern! Hallo?«

»Tuut Tuut Tuut«, mache ich und lege auf.

10. Morgens

»Hab ich dich aufgeweckt?«, ruft es aus meinem Telefon.

»Äh, hm… was?«, stammle ich.

»Ich dachte, du bist schon wach.«

»Ich bin wach!«

»Na ja.«

»Mama, es ist, äh… halb elf. Ich bin schon seit mehreren Stunden am Arbeiten. Als Künstler weiß ich, dass gerade die Morgenstunden, wenn der Geist noch ausgeruht ist, kreativ genutzt werden müssen.«

»Früher hast du immer bis eins geschlafen und dann noch mal um drei einen Mittagsschlaf gemacht. Und gearbeitet hast du gar nicht.«

»Früher ist schon lange her«, sage ich. »Außerdem ist ein geisteswissenschaftliches Studium auch so etwas Ähnliches wie Arbeit. Zumindest manchmal. Inzwischen bin ich ein nützliches Mitglied der Gesellschaft.«

Meine Mutter muss lachen.

»Er ist halt Comedian«, ruft mein Vater von hinten ins Telefon. »Witze kann er!«

»Ich bin kein Comedian, sondern Autor. Außerdem war das kein Witz. Ich arbeite wirklich schon den ganzen Morgen. Ich habe eine Kurzgeschichte geschrieben, an meinem neuen Buch gearbeitet und ... äh ... wichtige E-Mails beantwortet.«

»Sebastian, überarbeite dich bitte nicht!«, ruft meine Mutter. »Schlaf ist wichtig. Man braucht auch Ruhepausen.«

»Meinst du das ernst?«, frage ich misstrauisch.

Meine Mutter kichert wieder. Ich ignoriere es einfach.

»Jedenfalls muss man, wenn man was erreichen will, hart arbeiten und sich einschränken«, sage ich und gähne.

»Es geht ja auch darum, was man erreichen will«, ruft mein Vater. »Comedian zu sein und Witze zu erzählen ist jetzt nicht so das wahnsinnig tolle Lebensziel.«

»Was hätte er denn sonst machen sollen mit diesen Abi-Noten?«, fragt meine Mutter.

»Lehrer!«, sagt mein Vater. »Die nehmen doch jeden.«

»Dafür hätte er doch früh aufstehen müssen.«

»Ich stehe früh auf!«

»Sebastian, es ist halb elf, und ich habe dich gerade aufgeweckt.«

»Ich bin schon lange wach! Außerdem ist das ja relativ. Angenommen ich wäre erst um halb fünf ins Bett gegangen, weil ich noch so lange gefeier... ähm, gearbeitet habe, dann wäre halb elf ja ziemlich früh, und ich hätte nur sechs Stunden geschlafen. Für einen Künstler gibt es keine Tages- und Nachtzeiten, er muss immer dann arbeiten, wenn ihn die Muse küsst.«

»Küss deine Musen lieber am Tag. Der Schlaf vor zwölf ist der gesündeste.«

»Bei mir ist es halt der Schlaf vor zwölf Uhr mittags.«

»Ich dachte, du hättest gar nicht mehr geschlafen, als ich dich angerufen habe ...?«

»Habe ich auch nicht, das war nur ein Witz.«

»Der Witz war gar nicht so schlecht wie sonst«, sagt mein Vater und lacht.

»Schön, dass du auch mal eine Leistung von mir anerkennst, Papa.«

»Witze sind jetzt nicht gerade eine große Leistung. Ich kann das ja auch.«

»Papa, bitte nicht!«

»Ein Amerikaner, ein Russe, ein Franzose und ein Deutscher fahren mit einem Schiff über den Ozean«, sagt mein Vater. »Das Schiff geht unter, und alle sterben… Nee, ich glaube, der ging irgendwie anders.«

»Siehst du, lieber Vater, auch Witze sind eine Kunstform.«

Mein Vater grummelt sein Vater-Grummeln.

»Warum hast du eigentlich angerufen?«, frage ich meine Mutter.

»Ach, ich wollte nur mal schauen, ob du schon wach bist.«

»Echt jetzt, Mama?«

»Na, und du bist ja wach. Dann bis bald!«

Sie legt auf.

Ich lasse mich wieder zurück auf mein Bett fallen und schlafe sofort ein.

11. Überfall

»Hello son, how are you?«

»Warum redest du denn jetzt Englisch?«, frage ich verwundert.

»I'm practicing my English skills«, sagt meine Mutter. »Our teacher at the Volkshochschule said that this is good.«

»Nice«, sage ich.

»What time is it?«, fragt meine Mutter.

»Hast du keine Uhr?«

»English, please. I have to learn.«

»Das ist doch albern ...«

»Sebäschtian, what is your favourite colour?«

»Mama!«

»I like to cook and to read. My husband likes ham and my son is unemployed.«

»Hör jetzt auf, deine auswendig gelernten Sätze aufzusagen.«

»How much is the fish?«

»Was?«

»2,99 bei Edeka«, ruft mein Vater von hinten ins Telefon.

»Please answer in English!«

»Du hörst dich an wie meine Englischlehrerin in der Schule.«

»Jetzt sag doch auch mal was auf Englisch, damit ich antworten kann«, ruft meine Mutter.

»Okay, Mum. I always like to speak to you on the telephone. It's so entertaining and interesting.«

»Bloody liar!«, ruft meine Mutter.

»Warum wollt ihr denn überhaupt Englisch lernen?«

»Hier in Freiburg gibt es jetzt viele Engländer. Aber nicht alle integrieren sich gut.«

»Was soll denn das heißen?«

»Zwei von denen haben letzte Woche die Sparkasse bei uns in der Straße überfallen.«

»Zwei Engländer?«

»Ja, stand in der Zeitung.«

»Was hat denn ihre Nationalität mit dem Überfall zu tun?«, frage ich. »Haben die beiden auf eine sehr englische Art und Weise die Sparkasse überfallen? Stellten sie sich erst in die Schlange vor dem Schalter und warteten geduldig? Bedrohten sie die Bankangestellten mit Kricket-Schlägern?«

»Woher weißt du das?«

»Diese dreckigen Engländer sind doch alle gleich. Wahrscheinlich sangen sie während des Überfalls *God Save the Queen*, unterbrachen den Bankraub pünktlich um fünf Uhr für eine kleine Teepause und hinterließen *Harry-Potter*-Bücher am Tatort.«

»Nee, *Sherlock Holmes*.«

»Vielleicht war es aber nur eine sehr geschickte Tarnung von Franzosen, die ihre britischen Feinde anschwärzen wollten.«

»Die Tatverdächtigen sahen wohl sehr nordeuropäisch-angelsächsisch aus, berichteten Zeugen«, sagt meine Mutter. »Stand auch alles ausführlich in the newspaper. Rote Haare und sehr weiß unter ihren Union-Jack-Masken. Die Polizei sprach von britischen Intensivtätern, sogenannten Britis.«

»Und die Religion wurde sicher auch genannt, oder?«

»Of course. Sie gehören einer fundamental-christlichen Sekte an, die seit ihrer Gründung von einem blutrünstigen König namens Heinrich VIII die Vielweiberei praktizieren.«

»Allerdings immer alle Frauen schön nacheinander«, mischt sich mein Vater ein.

»Was haben die Engländer denn überhaupt in Freiburg gemacht?«

»Sie mussten fliehen, weil sie seit dem Brexit-Votum keine Arbeit mehr in ihrer Heimat finden.

Wirtschaftsflüchtlinge, meinte die Polizei. Sie kamen mit einem Schlauchboot über den Ärmelkanal. Einige Lokalpolitiker fordern jetzt von der britischen Regierung und allen Engländern auf der Welt, dass sie sich von den Tätern distanzieren.«

»Zu Recht«, sage ich. »Wir distanzieren uns ja auch permanent von unserer Geschichte, wenn wir im Urlaub, wie einst unsere Vorfahren, im Stechschritt die europäischen Altstädte erobern.«

»Das stand jetzt so nicht in der Zeitung.«

»Okay, wir kennen jetzt also die Nationalität und Religion der Täter, wir wissen, wie sie aussehen und auf welchem Weg sie nach Deutschland gekommen sind. Stand in dem Artikel auch, wie viel Geld sie gestohlen haben?«

»Ach, das interessiert doch heute niemanden mehr«, sagt meine Mutter resigniert. »It's a shame!«

»Unser Geld war's ja eh nicht«, ruft mein Vater. »Wir sind ja bei der Volksbank.«

12. Fußball

Ich rufe meine Eltern an. Es klingelt sehr lange. Vielleicht ist etwas passiert? Sonst sind sie immer zu Hause, und das Telefonklingeln ist so laut eingestellt, dass sie es sogar hören, wenn meine Oma zu Besuch ist und fernsieht. Gegen die Lautstärke, in der sie Volksmusiksendungen anschaut, ist ein Metallica-Konzert Balsam für die Ohren. Dabei hasst sie Volksmusik. Aber sie meint, solange es wehtut, fühlt sie sich wenigstens am Leben.

Das Telefon klingelt immer noch. Ich will gerade wieder auflegen, als sich meine Mutter meldet.

»Ich dachte schon, ihr seid tot oder so«, sage ich.

»Was?«

»Zum Glück hörst du nie zu, wenn ich mit dir rede.«

»Was hast du gesagt?«, fragt meine Mutter. »Ich habe gerade nicht zugehört.«

»Quod erat demonstradum«

»Hör jetzt auf, mit deinem Griechisch anzugeben!«
Meine Mutter hält kurz inne. »Haben wir dieses Gespräch nicht schon einmal so ähnlich geführt?«

»Kann man das nicht über fast alle unsere Telefongespräche sagen?«

Stille.

»Hallo Mama? Bist du noch dran?«

»Mhmh«, macht meine Mutter.

»Ich wollte dir nur erzählen, dass ich nach Sachsen ziehe, um dort in einer nationalbefreiten Zone Wehrübungen mit meinen neuen glatzköpfigen Freunden zu machen.«

»Das freut mich«, sagt meine Mutter. »Aber jetzt kann ich gerade ganz schlecht telefonieren.«

Im Hintergrund höre ich meinen Vater zustimmend fluchen. Eine ganz spezielle Eigenschaft von ihm. Und eine der wenigen Dinge, die ich von ihm geerbt habe.

Ein Beispiel für zustimmendes Fluchen: Meine Freundin fragt, ob wir mal wieder schön zusammen essen gehen wollen? Ich antworte: »Scheiße, auf jeden Fall. Ich hasse kochen.«

»Bei was habe ich euch denn gestört?«, frage ich.

»Gerade kommt doch Fußball im Fernsehen«, sagt meine Mutter. »Wir spielen.«

»Seit wann gibt es eine Senioren-Nationalmannschaft?«

»Deutschland spielt. Warum musst du immer so pedantisch sein? Andere Eltern haben auch normale Söhne, die sich für Fußball interessieren, richtig arbeiten, heiraten und ...«

»Auch dieses Gespräch haben wir schon geführt.«

»So ein Depp!«, ruft mein Vater plötzlich. »Der steht voll im Abseits, und der Schiri merkt's nicht mal. Hallo, du Betrüger-Schiri! Das war Abseits!«

»Warum guckt ihr denn Fußball? Papa regt sich die ganze Zeit nur auf, das macht doch keinen Spaß.«

»Beim Fußball geht es ja auch nicht um Spaß, sondern ums Gewinnen«, sagt meine Mutter. »So was verstehst man eben nicht, wenn man eher so der Verlierer ist.«

»Hast du mich gerade halbwegs subtil übel beleidigt?«

»Ist es auch eine Beleidigung, wenn es die Wahrheit ist?«

»Ich lehne eben die Leistungsgesellschaft ab«, deklamiere ich. »Für mich sind Werte wie Solidarität und Freundschaft wichtiger als Konkurrenz und Ballbesitz. Es ist natürlich in Ordnung, Fußball zu schauen, jedoch sollte man nicht vergessen, dass eine Nation immer ein Konstrukt ist, das andere ausschließt, und der Wettbewerb von verschiedenen Nationen auf dem politischen Feld abzulehnen ist.«

»Was hast du gesagt?«, fragt meine Mutter, »ich hab dir gerade nicht zugehört.«

»Ich ruf später noch mal an«, sage ich resigniert.

»Immer noch besser, als wenn du zu Besuch kommst, verdammt«, flucht mein Vater zustimmend.

13. Männer

Endlich ist Frühling in Berlin. Es ist ja auch schon Mitte Juni. Ich sitze entspannt auf dem Balkon und trinke mein liebstes Frühlingsgetränk. Blöderweise fällt mir da ein, dass ich dringend die Reifen an meinem Auto wechseln lassen muss, wenn jetzt der Winter vorbei ist. Oder habe ich nicht auch im Herbst schon vergessen, die Winterreifen montieren zu lassen? Es hat also alles wieder seine Ordnung. Aber plötzlich bin ich mir ebenfalls nicht mehr ganz sicher, ob ich letzten Frühling die Sommerreifen ... In diesem Moment klingelt mein Telefon.

»Hallo, Sohn«, meldet sich mein Vater.

»Papa? Das ist ja mal was Neues, dass du mich anrufst und nicht Mama.«

»Manchmal möchte ich auch mal mit meinem Sohn sprechen, ohne dass deine Mutter ständig dazwischenfunkt«, sagt mein Vater.

»Jetzt hab ich doch etwas Angst«, sage ich. »Was

gibt's denn, was wir *unter Männern* besprechen müssen?«

»Was für Männer denn?«, fragt er verwirrt. »Hast du Herrenbesuch?«

»Papa! Du und ich sprechen. Wir sind beide Männer.«

Mein Vater muss lachen. »Männer tun andere Dinge als du. Sie trinken Bier, reparieren Autos und gehen angeln. Und sie lassen sich von ihren Frauen nichts sagen.«

»Was ist denn das für ein überkommenes Männerbild? Ich bringe mein Auto halt lieber in die Werkstatt und trinke einen Aperol Spritz, während ich zuschaue, wie die Reifen gewechselt werden«, sage ich.

»Was ist denn Aperol Spritz?«, fragt mein Vater.

»Das ist total lecker«, ruft meine Mutter von hinten ins Telefon. »Und haben wir eigentlich immer noch die Winterreifen am Auto?«

»Du trinkst doch auch lieber Weißwein als Bier, Papa.«

»Na und?«

»Und ein Auto kannst du auch nicht reparieren.«

»Ja, ich weiß. Autos sind so kompliziert.«

»Und du warst in deinem Leben noch nie angeln.«

»Ist ja auch total langweilig«, sagt mein Vater kleinlaut.

»Und warum hast du mich eigentlich angerufen?«, frage ich.

»Deine Mutter hat gesagt, ich soll mal mit dir von Mann zu Mann reden.«

»Genau!«, ruft meine Mutter.

»Sollen wir nicht einfach lieber das machen, was wir Männer sonst immer machen?«

»Uns anschweigen?«, fragt mein Vater.

Eine halbe Stunde später lege ich zufrieden auf und mixe mir einen neuen Aperol Spritz.

14. Hochzeit

»Sebastian, du musst uns helfen!«, ruft meine Mutter ohne Begrüßung. »Wir haben da ein Problem!«

»Wie oft soll ich es noch sagen? Du darfst nicht einfach draufklicken, wenn da *Kostenpflichtig bestellen* steht.«

»Das meine ich doch gar nicht! Es kam so eine E-Mail.«

»Oh nein, was sollen wir da nur tun? Den Computer können wir wegschmeißen.«

»Was? Wirklich?«

»War nur ein Witz. Was stand denn in der Mail?«

»Da sollten Fotos von Stefanies und Holgers Hochzeit drin sein, aber die kann man gar nicht anschauen.«

»Wer sind denn Stefanie und Holger?«, frage ich verwirrt.

»Die kennst du doch!« Ich kann das ungläubige Kopfschütteln meiner Mutter förmlich hören. »Stefanie ist die Tochter von Helga. Weißt du, die Tante von Karsten und Claudia, die zusammen mit Onkel Herbert in Offenburg wohnt, bei Helmut, dem Schwager von Almut, die mit den Zwillingen Kim und Frank …«

»Zu viele Namen, Mama! Ich kann mir keine Namen merken. Deswegen nenne ich euch auch immer nur Mama und Papa.«

»Stefan!«, ruft mein Vater von hinten ins Telefon. »Du wirfst auch ständig mit Namen um dich, die wir nicht kennen. Letztes Mal hast du zum Beispiel von einer Karina gesprochen …«

»Katharina!«, unterbreche ich ihn. »Das ist meine Freundin.«

»Du hast eine Freundin?«, ruft meine Mutter begeistert. »Endlich! Wir dachten schon, du wärst … du weißt schon. Weil du immer Aperol Spritz trinkst und diese seltsamen engen Hosen trägst.«

»Mama, was soll ich sein?«

»Na, du weißt schon. So wie der Manuel Neuer.«
»Torwart?«, frage ich.

»Nee, dafür bist du doch viel zu klein. Homosexuell, mein ich.«

»Ich wohne mit Katharina seit vier Jahren zusammen. Ihr habt sie auch schon ein paar Mal getroffen.«

»Der Neuer hat ja auch eine Frau«, sagt meine

Mutter. »Aber das heißt ja nichts. Der darf das nur nicht zugeben, weil der Fußball immer noch von heteronormativen Stereotypen durchsetzt ist.«

»Hast du gerade ›heteronormativ‹ gesagt, Mama?«

»Warum nicht?«

»Ach, manchmal habe ich das Gefühl, ich kenne dich gar nicht mehr richtig. Erst der Englischkurs und jetzt auch noch Gender-Politik.«

»Was ist jetzt mit den Fotos?«, fragt sie unbeirrt. »In der E-Mail ist ein Link drin, zu so einer *Drops Box*.«

»Einer Bonbonschachtel?«, frage ich. So weit scheint sie beim Englisch lernen doch noch nicht zu sein.

»Hä, was?«

»Egal. Hauptsache, du weißt, was Heteronormativität ist, da brauchst du nicht wissen, was die *Dropbox* ist«, sage ich. »Dabei handelt es sich nämlich um einen Ordner, auf den mehrere dazu berechtige Leute zugreifen können. Die Dateien sind dann gleichzeitig auch auf eurem Computer, und ihr könnt euch die Fotos anschauen.«

»Ach so, du meinst so etwas wie die Cloud?«

»Entschuldigung, könnte ich jetzt bitte wieder mit meiner Mutter sprechen?«

»Das hat uns der Holger erklärt. Cloud-Computing ist die Zukunft der digitalen Speicherung.«

»Ich habe da ein Problem mit dem neuen Betriebssystem auf meinem Computer«, sage ich. »Vielleicht könntest du mal vorbeikommen und das reparieren?«

»Der Holger hat uns den ganzen Computer und mein Handy neu eingerichtet, wir können jetzt auch *skiepen* und *schnapptschatten*.«

Schockiert starre ich den Telefonhörer an. Wann ist das passiert? Meine Mutter hat mich bei den Digital Skills überholt, ich habe keine Ahnung, wie man *Snapchat* benutzt. Aber an der Aussprache müssen sie im Englischkurs noch ein wenig arbeiten.

»Klick einfach auf den Link«, sage ich, »dann geht es. Kostet auch nichts.«

»Ah, jetzt sehe ich die Fotos.« Sie hat es tatsächlich geschafft. Bald wird sie bestimmt ihren eigenen *Tumblr*-Blog einrichten und Fotos von all den Verwandtenhochzeiten hochladen.

»Das war so eine schöne Hochzeit«, schwärmt meine Mutter. »Die ganzen Leute sahen so fesch aus, sogar dein Vater hatte eine Krawatte an. Und das Essen war so lecker. Sebastian, warum heiratet ihr nicht mal, du und diese Karina?«

»Katharina!«

»Wie auch immer. Für uns wäre es auch in Ordnung, wenn es ein Mann wäre. Hauptsache heiraten!«

»Ich bin fasziniert, Mama. Das war gleichzeitig eine sehr progressive und sehr konservative Aussage.«

»Ich muss jetzt aufhören«, sagt meine Mutter. »Ich wollte noch den schönen Apfelkuchen, den ich gerade gebacken habe, *inschtergrämmen*.«

»Lol«, sage ich und lege auf.

15. Zu Besuch

Entsetzt lasse ich den Telefonhörer auf den Boden fallen. Ich hätte darauf gefasst sein müssen, doch ich habe es die ganze Zeit verdrängt. Es hatte so kommen müssen, viel zu lange währte diese trügerische Ruhe schon. Ich blicke aus dem Fenster, es regnet in Strömen, Donner grollt über Berlin. Ein Blitz schlägt im Nachbarhaus ein, und eine Feuerbrunst erfasst die gesamte Straße.

Aus dem Telefonhörer ruft meine Mutter: »Bist du noch dran? Sebastian? Hallo? Hast du wieder einen deiner Aussetzer?«

Ich hebe den Hörer auf. »Was für Aussetzer denn? Ich habe nie Aussetzer.«

»Doch, doch«, sagt meine Mutter. »Als Baby hast du manchmal so an die Decke gestarrt, und deine Augen sahen ganz leer aus.«

»Das ist über dreißig Jahre her.«

»So etwas geht nicht einfach weg«, sagt meine

Mutter. »Du hast ja auch so lange studiert, vielleicht gibt es da einen Zusammenhang?«

»Ich habe mein Studium eben ernst genommen und deswegen sehr ausführlich studiert.«

Meine Mutter stöhnt theatralisch auf. »Nicht jeder kann perfekt sein. Mit deinem Bruder hatten wir ja Glück.«

»Mama, das kannst du doch nicht sagen.«

»Wir lieben dich so, wie du bist.«

»Ihr habt ja auch keine Wahl, ich bin schließlich euer Sohn.«

»Na ja«, sagt meine Mutter. Sie hält kurz inne. »Also, wir kommen dich dann nächste Woche in Berlin besuchen.«

Ich lasse den Telefonhörer erneut fallen. Ich hatte es sofort wieder verdrängt: Meine Eltern wollen mich in Berlin besuchen. Dann müssen sie die ganze Zeit unterhalten werden, wollen am Ku'damm shoppen, Berliner Weiße trinken und Eisbein essen, selbst in dem veganen Restaurant in Kreuzberg, in das ich immer mit ihnen gehe und ...

»Seeebastiaaan, aufwachen!«, ruft meine Mutter.

Ich hebe den Hörer wieder auf. »Aber ihr kennt doch schon alles in Berlin. Ihr habt jedes Bild in jedem Museum angeschaut und alle Überreste der Berliner Mauer besichtigt, seid mit sieben verschiedenen Ausflugsdampfern über die Spree geschippert, wart mehrmals auf dem Fernsehturm, der Siegessäule und im Berliner Dom.«

»Wir kommen ja auch wegen dir nach Berlin und nicht wegen irgendwelcher Sehenswürdigkeiten«, sagt meine Mutter. »Damit wir ein wenig an deinem Leben teilhaben können.«

»Och, da passiert ohnehin nicht viel«, sage ich. »Oder wollt ihr mir jeden Morgen beim Ausschlafen zuschauen?«

»Du hast doch behauptet, dass du immer früh aufstehst!«

»So früh wie ihr auch wieder nicht…«, gebe ich zu.

»Du brauchst auch gar nichts vorbereiten«, sagt meine Mutter. »Wir fühlen uns in deiner Wohnung auch wohl, wenn sie nicht ganz so sauber ist.«

»Mama! Ich putze immer, bevor ihr kommt!«

»Und sonst nicht, oder was?«

»Jetzt hör mal auf! Ich putze meine Wohnung selbstverständlich regelmäßig.« Regelmäßig einmal im Jahr, denke ich.

Meine Mutter lacht gekünstelt. »Wenn du mal so ausführlich putzen würdest, wie du studiert hast… Durch die Fenster konnte man das letzte Mal ja gar nichts mehr sehen.«

»So spare ich immerhin die Vorhänge.«

»Ich hab ja auch nur mal kurz drübergewischt.«

»Liebe Mutter, als ihr mich das letzte Mal besucht habt, hast du den kompletten ersten Tag sämtliche Fenster in der Wohnung geputzt, am zweiten Tag die Böden gewischt, am dritten Tag das Badezimmer desinfiziert und am vierten Tag alles Geschirr noch einmal abgewaschen, weil du an einem Glas einen Lippenstiftabdruck gefunden hast.«

»Muss ja nicht gleich jeder sehen, dass du Damenbesuch hattest.«

»Ich wohne mit meiner Freundin zusammen. Du erinnerst dich?«

»Dann ist es ja noch schlimmer«, sagt meine Mutter. »Wenn Karina das bemerkt hätte …«

»Wenn ich es mir recht überlege, dann kannst du doch zu Besuch kommen, alle zwei Wochen für drei Stunden zum Putzen?«

»Du musst auch mal erwachsen werden und allein mit dem Haushalt zurechtkommen.«

»Wäre es nicht einfacher, ich würde euch in Freiburg besuchen?«, starte ich einen letzten Versuch. »Vielleicht an Weihnachten? Ihr seid ja nicht mehr die Jüngsten, und so eine weite Reise strengt doch an. Und ist auch wahnsinnig teuer.«

»Sebastian, wir kommen nächsten Samstag so gegen zehn an«, ignoriert meine Mutter einfach meine Einwände. »Holst du uns ab?«

»Um zehn Uhr morgens? Seid ihr wahnsinnig?«

»Dann können wir mehr Zeit mit dir verbringen!«, ruft meine Mutter.

Das klingt wie eine Drohung. »Samstag ist schlecht«, sage ich, »da habe ich einen total wichtigen Termin.«

»Du bist freischaffender Künstler in Berlin, du hast keine wichtigen Termine«, brummt mein Vater.

Meine Eltern brechen in lautes Gelächter aus. Ich lache mit. Dabei laufen mir die Tränen über die Wangen.

»Wir freuen uns auf Berlin!«, sagt meine Mutter noch, dann legt sie auf.

Ich lasse den Telefonhörer wieder auf den Boden fallen. Apathisch starre ich eine halbe Stunde lang zur Decke. Dann hole ich einen Lappen und beginne die Fenster zu putzen.

16. Auf dem Weg

Ich schrecke auf. Neben dem Bett vibriert mein Handy. Ich mache es nachts nicht mehr aus, weil ich inzwischen alt bin und alle meine Freunde ebenfalls, so dass die Gefahr, mitten in der Nacht Anrufe oder SMS von Besoffenen zu bekommen, rapide gesunken ist. Eigentlich schade, ich mochte diese kryptischen Nachrichten: *Ich habe endlich ALLES verstanden, Sebastian. Die Lösung ist singen!* Oder: *Das Leben ist ein Ausflugsdampfer. Du drehst ständig am Rad.*

Heute weckt mich dafür meine Mutter regelmäßig frühmorgens. Oder auch mittags. Aber jetzt ist es wirklich sehr früh, mein Wecker zeigt halb sechs an. Meine Eltern haben tatsächlich den ersten Zug aus Freiburg nach Berlin genommen.

»Wir sind schon in Karlsruhe!«, lautet die SMS von meiner Mutter.

»Schreib bitte nicht jedes Mal eine SMS, wenn

euer Zug in irgendeiner Stadt hält«, schreibe ich zurück und schlafe sofort wieder ein.

Eine halbe Stunde später klingelt mein Handy. »Was ist denn jetzt, Mama?«

»Wir sind in Mannheim«, ruft sie gut gelaunt.

»Ernsthaft, Mutter?« Ich lasse mich zurück aufs Bett fallen.

»Wir haben schon zwei Minuten Verspätung«, ruft mein Vater von hinten ins Telefon. »Typisch Bahn!«

»Nee, das ist nicht typisch Bahn, Papa. Eine halbe Stunde Verspätung wäre typisch Bahn.«

»Dein Vater hat schon alle Schinkenbrötchen aufgegessen, die wir für die Fahrt mitgenommen haben«, beschwert sich meine Mutter. »Und die Salamibrote. Und die Landjäger mit Senf. Und den Wurstsalat.«

»Ihr habt die gesamte Metzgerei als Proviant mitgenommen?«

»Wir hatten auch noch zehn hart gekochte Eier dabei. Hat er aber auch schon gegessen.«

»Ihr seid also diese Leute, die im Zug immer stinkende Sachen essen.«

»Das riecht gut«, sagt mein Vater. Ich höre, wie er aufstoßen muss.

»Wie viele Leute sitzen denn bei euch im Abteil?«

»Nur wir«, ruft meine Mutter triumphierend.

»Die anderen sind sofort ausgestiegen, als dein Vater ihnen vom Wurstsalat angeboten hat.«

»Typisch Bahn!«, ruft mein Vater schon wieder erbost.

»Was ist denn jetzt los? Sind's schon drei Minuten Verspätung?«

»Nein, gerade kam die Durchsage, dass die Bockwürste im Bordbistro ausverkauft sind.«

»Dann hol dir halt die Wiener mit Kartoffelsalat«, schlägt meine Mutter vor.

»Lasst es euch schmecken, morgen gehen wir in ein veganes Restaurant«, sage ich und lege auf. Dann schalte ich das Handy aus. Noch vier Stunden Galgenfrist.

17. Berlin Tag & Nacht

Ich sitze in der U-Bahn und fahre zum Fernsehturm, wo ich meine Eltern treffen will. Sie sind da. Gestern waren wir schon in der Alten Nationalgalerie und auf der Siegessäule, haben den Berliner Dom besichtigt und sind mit einem Ausflugsdampfer über die Spree gefahren.

Meine Mutter ruft aus Berlin an. »Wo bist du denn?«, fragt sie. »Wir warten hier schon eine halbe Ewigkeit auf dich.«

»Ich bin gleich da. Warum seid ihr auch immer zu früh?«

Die Frau mir gegenüber in der U-Bahn schaut mich mitleidig an. Sie ist etwa in meinem Alter.

»Dein Vater ist schon ganz hibbelig«, sagt meine Mutter. »Er hatte heute noch keinen Kaffee.«

»Warum habt ihr denn im Hotel kein Frühstück gebucht?«

»Ein Frühstücksbüffet funktioniert mit deinem

68

Vater einfach nicht. Er kann ja nichts vom Essen übrig lassen. Letztes Mal hat er drei Stunden lang gefrühstückt, bis der Hotelkellner ihm einfach den Teller weggenommen hat.«

Die Frau gegenüber legt ihr Buch in den Schoß und hört mir unverhohlen zu. Sie kann wahrscheinlich auch meine Mutter verstehen, denn sie redet mal wieder ziemlich laut. Wahrscheinlich weil ich in der U-Bahn unter der Erde bin oder so.

»Was machen wir denn heute?«, fragt meine Mutter. »Hast du schon einen Plan?«

»Wir könnten ins Mauermuseum gehen?«, schlage ich vor.

»Waren wir nicht letztes Mal schon im Mauermuseum?«

»Habe ich doch gesagt! Ihr wart schon überall, ihr kennt Berlin wahrscheinlich besser als ich.«

»Mauern haben wir auch bei uns in Freiburg«, ruft mein Vater. »Die sind auch viel höher.«

»Vorsicht!«, ruft meine Mutter auf einmal.

»Was ist los?«

»Dein Vater soll aufpassen, dass ihm nicht wieder der Rucksack geklaut wird.«

»Trägt er ihn auch schön auf dem Bauch?«, frage ich.

Die Frau gegenüber muss lachen.

»In Berlin gibt es doch so viele Taschendiebe«,

sagt meine Mutter. »Haben sie kürzlich bei einer Reportage im Fernsehen gebracht. *Berlin Tag & Nacht* hieß die.«

»Euch beiden wurde noch nie etwas während eurer Besuche in Berlin geklaut! Euch wurde überhaupt noch nie irgendetwas geklaut...«

»Weil wir immer so vorsichtig sind.«

»Es hat keinen Sinn, mit dir zu diskutieren, oder, Mama?«

»Das fällt dir erst nach 36 Jahren auf?«, ruft mein Vater von hinten ins Telefon.

»Geht doch schon mal irgendwo einen Kaffee trinken, bis ich komme«, schlage ich vor und zwinkere der Frau mir gegenüber zu. Sie nickt mir wohlwollend zu und flüstert »Gute Idee!«

»Aber wo gibt's denn hier Cafés, Sebastian? Wir kennen uns ja hier nicht aus.«

»Ihr werdet doch ohne meine Hilfe in ein Café gehen können.«

»Dein Vater muss sowieso erst mal die Currywurst aufessen, die er sich gerade geholt hat.«

»Es ist halb neun morgens«, sage ich.

»Hier gibt's ja sonst nichts zu essen«, ruft mein Vater.

»Ihr seid am Fernsehturm. In Berlin-Mitte. Da gibt es Hunderte Cafés mit normalem Frühstück.«

»Am Fernsehturm?«, fragt meine Mutter leise.

»Ja, der sehr hohe Turm am Alexanderplatz, unter dem wir uns treffen wollen. Den könnt nicht einmal ihr verfehlen.«

»Hast du nicht Funkturm gesagt?«, fragt meine Mutter.

»Der Funkturm ist doch ganz woanders, am Stadtrand«, rufe ich entsetzt.

»Der Currywurst hier ist aber gut«, sagt mein Vater schmatzend.

»Oje, Sebastian. Was machen wir denn jetzt nur?«, ruft meine Mutter panisch. »Hier kommen wir ja nie wieder weg. Du musst uns abholen!«

»Super. Dann steige ich jetzt mal aus und fahre wieder in die Richtung zurück, aus der ich gerade gekommen bin.«

»Sei nicht böse, Sohn! Schließlich hast du es uns ja falsch erklärt.«

»Ich habe euch alles richtig erklärt!«

»Immer musst du alles besser wissen. Hilf deinen armen Eltern und komm her!«

»Ich hol mir solange noch so 'ne Currywurst«, sagt mein Vater im Hintergrund, und meine Mutter legt auf.

»Entschuldigung, ich habe eine Frage«, sagt die Frau gegenüber, als ich das Handy in meine Tasche stecke. »Kann es sein, dass wir Geschwister sind?«

»Willst du sie dann vom Funkturm abholen?«, frage ich.

Ich steige aus und fahre meinen Eltern entgegen. Eigentlich ist das auch nur fair. Früher haben sie mich ja immer von meinen Freunden und von der Musikschule abgeholt. Da bin ich jetzt eben dran.

Mein Handy vibriert, kurz nachdem ich in die U-Bahn Richtung Funkturm eingestiegen bin. Eine SMS von meiner Mutter. »Der Mann vom Curry-wurststand meint, wir sind doch am Fernsehturm.«

18. Das Wetter

»Hallo Sohn«, ruft meine Mutter.

»Müssen wir schon wieder telefonieren?«, frage ich. »Wir haben uns doch erst gestern noch in Berlin gesehen.«

Meine Eltern und mich trennen wieder die gewöhnlichen achthundert Kilometer Sicherheitsabstand. Die restlichen achtundvierzig Stunden ihres Berlin-Aufenthalts verliefen sogar erstaunlich harmonisch. Wir haben das Berliner Currywurstmuseum besichtigt – und seitdem ist mein Vater fast Berlin-Fan. Mit meiner Mutter war ich bei *Butler's* einkaufen. Sie hat sich komplett mit Messinggießkannen, bestickten Kissen, lilafarbenen Kerzen und Tassen eingedeckt. Mit sehr, sehr vielen Tassen. Selbstverständlich habe ich ihr nicht verraten, dass es *Butler's* auch in Freiburg gibt.

»Hallo? Bist du da? Das wird immer schlimmer mit deinen Aussetzern.«

»Was gibt's denn so Dringendes, das du mit mir besprechen musst?«

»Willst du wissen, wie gerade das Wetter in Berlin ist?«, fragt meine Mutter.

»Dafür brauche ich nur aus dem Fenster zu schauen.«

»Ich könnte nämlich Alexa fragen.«

»Wen?«

»Na, die Amazon-Frau in unserem neuen Echo-Dings.«

»Ihr habt euch nicht wirklich so ein ...«

»Alexa«, unterbricht mich meine Mutter, »wie ist das Wetter in Berlin?«

»Regen, 15 Grad«, echot Alexa ohrenbetäubend laut durch das gesamte Home-Entertainment-System meiner Eltern.

»Mama, ich muss dich enttäuschen, es regnet nicht.«

»Denkst du etwa, Alexa lügt mich an?«

»Die Sonne scheint. Das sehe ich doch!«

»Alexa!«, ruft mein Vater dann. »Wie war der Sommer in Berlin?«

»Er fiel auf einen Freitag«, sagt Alexa.

Mein Vater kichert. »Guten Humor hast du, Alexa.«

»Ihr behandelt Alexa ja schon wie eine Tochter. Oder eigentlich nicht. Ihr seid viel zu nett zu ihr.«

»Wie ist das Wetter in Freiburg?«, fragt meine Mutter unbeeindruckt.

»Regen, 15 Grad«, antwortet Alexa.

»Bei euch regnet es auch?«, frage ich.

»Ganz leichter Nieselregen, kann man fast gar nicht sehen, aber Alexa weiß es trotzdem.«

»Alexa hat immer recht, oder?«

»Ja, das habe ich auch schon überprüft.« Sie räuspert sich kurz und fragt dann überdeutlich: »Alexa, wer ist die beste Mutter der Welt?«

»*Sie* sind die beste Mutter der Welt«, antwortet Alexa.

»Das sagt die doch immer, egal wer fragt. Das ist so einprogrammiert.«

»Quatsch!«, ruft meine Mutter und setzt wieder an: »Alexa, wer ist der beste Sohn der Welt?«

»Mit Sebastians Bruder hatten Sie ja Glück«, sagt Alexa.

»Toll, Mama!«

»Hihi«, macht meine Mutter.

»Alexa«, rufe ich laut ins Telefon, »beende nun den Anruf.«

Die Verbindung bricht sofort ab.

19. Sorgen

»Ich mache mir Sorgen, Sebastian«, sagt meine Mutter.

»Das hoffe ich auch«, sage ich, »Mütter müssen sich immer um ihre Kinder sorgen. Wenn du dir mal keine Sorgen mehr machst, dann mache *ich* mir Sorgen. Aber was bereitet dir denn im Moment Sorgen?«

»Diese ganzen Terroranschläge!«

»Du solltest dir lieber Sorgen machen, dass anscheinend immer mehr Leute wirklich glauben, dass Menschen, die vor Krieg und Terror fliehen, in Wahrheit Terroristen sind«, deklamiere ich. »Du solltest dir Sorgen machen, dass man plötzlich Angela Merkel verteidigen muss. Das macht mir wirklich Angst, wenn man schon froh sein muss, diese neoliberale, lobbyhörige Angela Merkel als Kanzlerin zu haben. Du solltest dir Sorgen machen, weil sie jetzt alle wieder Grenzen wollen und eine Partei im Bundestag sitzt, die sagt, dass das hier unser Land sei, das Land unserer Großväter und Väter.«

»Was ist mit mir?«, ruft mein Vater von hinten ins Telefon.

»Deutschland ist dein Land«, sage ich. »Es gehört dir.«

»Kann ich es dann verkaufen?«, fragt mein Vater.

»Papa, so geht man aber nicht mit seiner Nation um.«

»Du machst ja auch nichts für dein Land.«

»Ich hätte auch lieber ein cooleres Land«, sage ich. »Mir würde schon eine kleine Insel reichen, mit zwei Bergen und einer Eisenbahnlinie mit einem Lokomotivführer.«

»Einen Führer hatten wir hier doch auch«, sagt mein Vater. »Sei mal zufrieden mit dem, was du hast!«

»Was ist eigentlich mit mir?«, fragt meine Mutter. »Ist es auch das Land der Mütter und Großmütter?«

»Nee, es heißt nun mal *Vater*land«, sagt mein Vater.

»Das Mutterland ist für die Rechtspopulisten etwas anderes«, sage ich. »Manche von ihnen nennen es auch: die Küche. Und Menschen, die keine deutschen Väter, Großväter und Urgroßväter haben, sind sowieso keine richtigen Deutschen. Weil sie nicht unserer Rasse angehören, das meint doch der AfD-Typ in Wahrheit.«

»Kennt man ja eigentlich schon von früher«, sagt meine Mutter.

»Genau. Deswegen wissen wir auch, wozu Nationalismus zwangsläufig führt«, sage ich. »Zu Gewalt! Wenn man nämlich denkt, die eigene Nation sei besser als die anderen Nationen, dann will man sie auch irgendwann davon überzeugen – und peng: Krieg. Das hatten wir alles schon mal, aber für die AfD ist das ja nur ›dämliche Bewältigungspolitik‹.«

»Was meinst du? Ich hab dir gerade nicht zugehört«, sagt meine Mutter. »Ich musste die Ziehung der Lottozahlen im Fernsehen anschauen.«

»Und hast du gewonnen?«, frage ich. »Vielleicht könnt ihr mir von dem Gewinn etwas abgeben?«

»Nee, wir spielen ja schon lange kein Lotto mehr.«

»Warum schaust du dir dann die Ziehung der Lottozahlungen überhaupt an?«

»Na, damit ich weiß, dass ich nicht gewonnen hätte, wenn ich gespielt hätte.«

Auf eine sehr verquere Art ist das sogar ein bisschen logisch, denke ich.

»Muss ich mir jetzt Sorgen machen, oder geht's dir gut?«, fragt meine Mutter dann.

»Mama, *mir* geht's gut, aber du musst dir trotzdem Sorgen machen.«

»Mach dir keine Sorgen«, sagt meine Mutter, »ich mach mir auch weiterhin noch genug Sorgen.«

20. Witzig

»Sebastian, gestern hab ich deinen Kollegen im Fernsehen gesehen«, sagt meine Mutter, »den Kai-Uwe Kling.«

»Marc-Uwe Kling«, verbessere ich sie.

»Ist das ein Künstlername?«

»Natürlich. So heißt doch niemand«, sage ich. »In Wahrheit heißt er auch Sebastian Lehmann. Aber weil ich schon so erfolgreich war, musste er sich ein Pseudonym ausdenken.«

»Das war ein Witz, oder?«, fragt meine Mutter. »Weil du bist ja gar nicht erfolgreich.«

»Danke, Mama. Nett, dass du mich so beharrlich daran erinnerst.«

»Jedenfalls hat der Marc-Uwe im Fernsehen eine sehr witzige Geschichte vorgelesen, mit so einem sprechenden Känguru. Das finde ich ja mal eine ganz originelle Idee, ein sprechendes Känguru. Toll! Jedenfalls hat das Känguru den Kai-Uwe gefragt, ob er heute mal das Essen bezahlen könne und Karl-Uwe hat gesagt: ›Heute? Ich muss immer bezahlen.‹ Da hat das Känguru gesagt: ›Der eine hat den Beutel, der andere hat das Geld.‹«

Meine Mutter lacht laut ins Telefon. »Der eine hat den Beutel, der andere hat das Geld. Das ist schon sehr witzig.«

»Freut mich, dass dir die Geschichten meines Lesebühnen-Kollegen gefallen.«

»Der eine hat den Beutel, der andere hat das Geld. Auf so etwas muss man erst mal kommen! *Du* kommst ja auf so was nicht. Dann würdest du es vielleicht auch mal ins Fernsehen schaffen.«

»Ich war auch schon mal im Fernsehen.«

»Der eine hat den Beutel, der andere hat das Geld«, ruft meine Mutter und lacht.

Im Hintergrund lacht jetzt auch mein Vater. Dann höre ich, wie er meiner Mutter zuflüstert: »So einen Sohn, der so etwas schreibt, müsste man haben. Der eine hat den Beutel, der andere hat das Geld. Grandios!«

»Offener Kanal Niederlausitz«, flüstere ich. »Um halb eins nachts.«

»Du bist doch auch Comedian, warum schreibst du nicht mal was mit einem sprechenden Tier. Über deine fette Katze vielleicht?«

»Ich bin kein Comedian!«, rufe ich. »Und was soll

die Katze denn dann zu mir sagen? Die eine hat den Hunger, der andere das Futter?«

»Das ist aber gar nicht witzig«, antwortet meine Mutter unbeeindruckt. »Was soll denn das bedeuten? So wird das nichts. Da musst du schon etwas Kapitalismuskritik wie der Maik-Uwe einbauen.«

»Seit wann interessierst du dich für Kapitalismuskritik, Mama?«

»Ach, du weißt nicht alles von mir.« Sie räuspert sich. »Schreib mal so was wie der mit seinem Känguru. Nicht so was, was du sonst immer schreibst, sondern was Witziges. Der eine hat den Beutel, der andere hat das Geld.«

Meine Eltern hören gar nicht mehr auf zu lachen.

»Ich muss jetzt auflegen«, sage ich in ihr Gelächter hinein. »Ich will mich nachher noch erhängen, weil ich von meinen Eltern nie die Anerkennung bekommen habe, die ich verdient hätte.«

»Ja, ja, mach's gut«, sagt meine Mutter. »Und kannst du uns noch so ein Buch mit dem Känguru schicken. Sebastian, das ist einfach so witzig.«

21. Der Tag

»Du hast nicht angerufen!«, ruft meine Mutter sofort, als ich mich melde.

»*Du* hast ja auch gerade *mich* angerufen.« Jetzt ist es so weit, denke ich, meine Mutter wird wunderlich. Es wird Zeit, das Thema »Betreutes Wohnen« endlich anzusprechen.

»Ich meine doch nicht jetzt, sondern gestern«, lässt sich meine Mutter nicht beirren.

»Gestern habe ich den ganzen Tag gearbeitet.«

»Aber gestern war doch der Tag«, sagt sie. »Der ganz spezielle Tag!«

»Was für ein Tag? Für mich sind alle Tage gleich. Ich stehe um zwölf auf, schaue mir YouTube-Videos an, bis es endlich Nachmittag ist und ich mich nicht mehr schlecht fühle, Bier zu trinken.«

»Jedenfalls hättest du wenigstens mal anrufen können, gestern, *am Muttertag*.«

»Ach so, Muttertag, sag's doch gleich. Da hättest

du mich auch mal dran erinnern können.« Normalerweise erinnert mich meine Mutter an alle wichtigen Termine in der Familie. Die Geburtstage meines Vaters, meines Bruders, der Großeltern. Weihnachten. Nur ihr eigener Geburtstag und Muttertag sind schwierig.

»Nie denkst du an mich«, sagt meine Mutter.

»Wir telefonieren doch sowieso ständig, da muss ich mich doch nicht nach so einem konstruierten Feiertag richten.«

»Von deinem Bruder habe ich eine Kette geschenkt bekommen. Mit Diamanten!«

»Schleimer«, flüstere ich. Reicher Schleimer.

»So ein kleiner Scheck als Muttertagsgeschenk wäre doch auch mal was«, ruft mein Vater.

»Papa, immer geht's dir nur ums Geld!«

»Und du brauchst immer welches.«

»Ich kann ja auch nichts dafür, wenn unsere ungerechte kapitalistische Gesellschaft so aufgebaut ist, dass der eine Geld hat und der andere nicht.«

»Der eine hat den Beutel, der andere das Geld«, sagt mein Vater und lacht.

»Nicht schon wieder!«

»Könnt ihr euch wenigstens am Muttertag mal nicht streiten?«, ruft meine Mutter.

»Muttertag war gestern«, sagt mein Vater. »Heute ist wieder alles normal!«

»Herzlichen Glückwunsch nachträglich zum Muttertag!«, rufe ich. Mir fällt auf, dass ich ihr damit im Prinzip gratuliert habe, mich als Sohn zu haben.

»Danke«, sagt meine Mutter wieder halbwegs versöhnt. »Es ist eben immer schön, von seinen Kindern zu hören. Wenn du mal groß bist und es geschafft hast, eigene Kinder zu bekommen, wirst du das verstehen.«

»Mama! Ich bin schon längst groß.«

»Na ja, eins zweiundsiebzig ist jetzt streng genommen nicht so groß.«

»Ich sage nur: Der Apfel fällt nicht weit vom Stamm.«

»Höchstens es ist ein Apfelbaum mit sehr, sehr langen Ästen«, sagt meine Mutter.

»Ich hätte nicht gedacht, dass du im Alter so weise wirst.« Vielleicht sollte ich mal ein kleines Buch zusammenstellen: *Jenseits von Gut und Böse – Mutters Aphorismen*.

Wir verabschieden uns. Eine Stunde später bekomme ich eine SMS von meine Mutter: »Nicht vergessen: Am Donnerstag ist Vatertag.«

22. Päckchen

»Ist unser Päckchen angekommen?«, fragt meine Mutter.

»Was für ein Päckchen denn schon wieder?«

»Ist eine Überraschung«, ruft mein Vater von hinten ins Telefon.

»Eine Überraschung von euch?«, frage ich verwundert. »Das letzte Mal überrascht habt ihr mich, als ihr mir zum fünften Geburtstag nicht die Playmobil-Eisenbahn geschenkt habt, die ich mir so gewünscht hatte, sondern einen Strickpulli mit einer Prinzessin drauf.«

»Der war halt gerade bei Tchibo im Sonderangebot«, sagt meine Mutter.

»Immerhin hast du so schon früh gelernt, dass Überraschungen meistens Enttäuschungen sind«, sagt mein Vater.

»Du warst ja auch eine Überraschung für uns«, sagt meine Mutter.

»Und eine Enttäuschung«, ruft mein Vater.

»Ach, nur weil wir dachten, du würdest ein Mädchen werden«, sagt meine Mutter. »Wir hatten uns schon einen Namen für dich ausgedacht, und dann mussten wir uns etwas ganz Neues ausdenken. Das war wirklich nicht leicht.«

»Und wie hätte ich als Mädchen geheißen?«

»Sebastiane.«

»Deswegen auch der Prinzessinenpulli?«

»Ist das Päckchen denn jetzt angekommen?«

Ich stöhne. »Nein, bis jetzt habe ich nichts bekommen. Diese ganzen Paketdienste sind ja so unzuverlässig geworden.«

»Aber wir haben es doch mit Upps verschickt«, sagt meine Mutter. »Die sind eigentlich gut.«

»Du meinst UPS ...!«, sage ich.

»Oder haben wir es dieses Mal mit THC geschickt?«

»Das heißt TNT«, ruft mein Vater.

»Oder Herpes?«, fragt meine Mutter.

»DRK hätte es auch sein können ...«

»Oder AfD?«, frage ich.

»Nee, die sind ja gar nicht zuverlässig«, sagt meine Mutter.

Plötzlich klingelt es an meiner Tür.

»Vielleicht ist das ja jetzt das Päckchen«, ruft meine Mutter.

Ich gehe mit dem Telefon zwischen Kopf und Schulter geklemmt zur Tür und öffne. Ein Mann in einer zu engen Uniform steht davor.

»Sind Sie der Herpes-Bote?«, frage ich.

»Haha«, sagt der Mann und lacht nicht. Er ist ja auch von Upps. Schlecht gelaunt reicht er mir das Päckchen, dreht sich um und poltert wieder die Treppe hinunter.

Ich mache das Paket auf.

»Und?«, fragt meine Mutter.

»Das Päckchen ist leer«, rufe ich verwundert.

»Wir wollten nur mal ausprobieren, ob es auch ankommt. Jetzt wissen wir, dass wir es das nächste Mal mit Upps verschicken sollten.«

Sie legt auf.

Mal wieder eine gelungene Enttäuschung, denke ich. Dann gehe ich in mein Zimmer und spiele ein wenig mit der Playmobil-Eisenbahn, die ich mir selbst zum letzten Geburtstag geschenkt habe.

Drei Tage später:

Mein Vater ruft an.

»Ich habe da diese alte Bohrmaschine, die ich nicht mehr brauche, willst du die haben?«

»Das ist ja eine tolle Überraschung! Aber ich

brauche keine Bohrmaschine. Ich bin ja nicht so ein begabter Heimwerker wie du, Papa.«

Ich höre meine Mutter im Hintergrund laut auflachen.

»Die Bohrmaschine ist noch einwandfrei«, sagt mein Vater. »Du musst nur etwas aufpassen, weil der Bohrkopf fliegt gern mal vorne raus, wenn sie schnell dreht.«

»Deswegen trägt Onkel Heiner jetzt eine Augenklappe?«, frage ich.

»Er stand etwas ungünstig, als er mir geholfen hat, den neuen Kamin zu installieren.«

»Ich brauche wirklich keine Bohrmaschine. Mein Heimwerker-Motto lautet: Wenn ein einfacher Nagel nicht genügt, hänge ich es eben nicht auf.«

»Aber meine alte Stichsäge brauchst du bestimmt«, sagt mein Vater. »Die gehört in jeden Männerhaushalt.«

»Was soll ich denn mit einer Stichsäge? Ich weiß nicht mal genau, was das ist.«

»Er hat sie dir schon geschickt!«, ruft meine Mutter von hinten ins Telefon.

Es klingelt an der Tür.

»Vielleicht ist das ja die Säge«, sagt mein Vater.

Ich öffne die Tür, ein Mann in zu enger Uniform steht davor. »Sind Sie der Upps-Bote?«, frage ich.

»Haha«, sagt der Mann.

»Pass auf, das Sägeblatt ist etwas lose!«, ruft mein Vater. »Onkel Heiner hat sich damit schon mal den Daumen abgeschnitten.«

»Ahhh, mein Finger!«, schreit der Paketbote plötzlich.

»Upps«, sage ich und lache.

Der Paketbote lacht nicht.

23. Die Schotten

»Und, bist du schön braun gebrannt?«, fragt meine Mutter. Wir haben länger nicht telefoniert, weil ich im Urlaub war.

»Ich war in Schottland«, sage ich. »Da ist das Wetter zwar sehr wechselhaft, allerdings ändert es sich immer nur zwischen Regen, Sturm und Nebel. Manchmal schneit es auch.«

Der Urlaub war allerdings nicht nur sonnenarm, sondern auch etwas anstrengend, weil ich die Schotten nie verstanden habe. Wenn sie in ihrem eigentlich sehr schönen Dialekt sprechen, klingen sie wie Schweizer, die Bayrisch reden und alle jemals auf der Welt festgestellten Sprachfehler auf sich vereinen. Also etwa so wie Sächsisch, nur eben in schön. Zudem verursachte ich einen kleinen Eklat, als ich in einem Pub Jim Beam bestellte, weil ich die Namen der schottischen Whiskeys nicht aussprechen konnte.

»Fahr doch mal in die Sonne, damit du nicht

mehr so blass und kränklich aussiehst«, sagt meine Mutter. »Auf die Kanarien oder so.«

»Ich sehe nicht kränklich aus! Außerdem heißt es Kanaren.«

»Sag ich doch.«

»Nein, Mutter, du hast Kanarien gesagt!«

»Jetzt reg dich doch nicht wieder so auf. Immer musst du alles besser wissen.«

Ich schlage mit dem Kopf auf meinen Schreibtisch.

»Wie war es denn nun in England? Did you like it?«

»Ich war in Schottland, Mama.«

»Das ist doch das Gleiche!«

»Das sehen die stolzen Schotten aber anders und würden jeden, der sie als Engländer bezeichnet, mit stundenlanger Dudelsackdudelmusik foltern«, sage ich. »Außerdem rauben sie nicht so viele Banken aus wie die bösen Engländer.«

»Schottland, England – das kann doch keiner auseinanderhalten.«

»Was würdest du als Badenerin denn sagen, wenn dich jemand als Schwäbin bezeichnen würde?«

»Baden und Schwaben sind auch wirklich komplett unterschiedlich!«, ruft meine Mutter empört. »Schon allein die Sprache.«

»Für einen Berliner klingt Badisch und Schwäbisch ziemlich ähnlich.«

»Die Preußen da oben haben auch keine Ahnung! Unser –le am Ende des Wortes klingt eher so wie *Weckle* und bei den Schwaben: *Weckle*.«

»Kannst du das bitte wiederholen.«

Sie sagt die zwei Wörter noch mal hintereinander, und ich kann wieder keinen Unterschied erkennen. Sicher ist allerdings: Wenn man »Weckle« statt »Schrippen« in einer Berliner Bäckerei verlangt, löst das einen ähnlichen Eklat aus wie meine Jim-Beam-Bestellung in Schottland.

»Und erst die unterschiedliche schwäbische und badische Küche«, sagt meine Mutter. »Als wir damals in den Siebziger-Jahren zum ersten und letzten Mal in Stuttgart waren, wusste ich gar nicht, was ich im Restaurant bestellen sollte.«

»Spätzle und Knöpfle sind doch wirklich das Gleiche!«

»NEIN, NEIN! DAS DARF MAN NICHT SAGEN«, ruft meine Mutter so laut ins Telefon, dass mir der Hörer aus der Hand fällt. Ich hebe das Telefon auf und frage, was denn der Unterschied ist.

»Du bist schon keiner mehr von uns, wenn du das nicht weißt«, sagt meine Mutter resigniert. »Knöpfle sind natürlich 10,4 Millimeter kürzer und leicht rundlich. Und selbstverständlich schmecken sie auch viel besser. Das kann man gar nicht vergleichen.«

»Aber im Gegensatz zu uns Badenern sind die

Schwaben fleißig und wirtschaftlich erfolgreich«, sage ich. »Die bauen die ganze Zeit Autos und Häusle und unterirdische Bahnhöfe, während wir Badener faul in der Sonne liegen und unseren vorzüglichen Wein selbst trinken, statt ihn gewinnbringend zu verkaufen.«

»Wir sind auch fleißig und erfolgreich!«, ruft mein Vater. »Da brauchst du nicht von dir auf alle anderen Badener zu schließen.«

»Schwaben sind aber dazu noch total sparsam«, sage ich. »Fast schon so geizig wie die Schotten. Obwohl ich das während des Urlaubs nicht erlebt habe.«

»Wir sind auch geizig«, ruft mein Vater. »Wir streichen dir sofort die Unterstützung.«

»Die Schwaben sind aber in ihrem Geiz auch immer sehr unfreundlich«, sage ich.

»Wir sind noch viel unfreundlicher, du kleiner Depp!«, rufen meine Eltern empört.

»Dann sind Badener und Schwaben doch nicht so unterschiedlich«, sage ich. »Wir sind alle fleißig, geizig und unfreundlich.«

»Wir Badener sind aber auf eine viel bessere Art fleißig, geizig und unfreundlich«, sagt meine Mutter. »Das kann man gar nicht vergleichen.«

24. Selfie

Heute war wieder ein ganz normaler Arbeitstag in meinem Leben als freischaffender Kreativer: Ich habe acht Stunden lang darüber nachgedacht, ob ich mein Facebook-Profilfoto ändern soll. Aber es dann doch gelassen.

Als ich gerade Feierabend machen möchte, bekomme ich eine E-Mail von meiner Mutter. Sie ist leer. Schon wieder. Eine halbe Stunde später vibriert mein Handy. »Hast du die E-Mail bekommen? ;)«, fragt meine Mutter per SMS.

Früher war alles besser, denke ich. Jedenfalls für die Kinder. Vergangene Generationen von Kindern mussten nur das Festnetztelefon ignorieren, wenn die Eltern anriefen. Ganz am Anfang meiner Karriere als von zu Hause ausgezogenes Kind kam ich auch noch in den Genuss des handy- und internetfreien Elternhaushaltes. »Seltsam«, sagte meine Mutter damals, »immer wenn wir dich anrufen, bist du nicht zu Hause«. Sie wusste nicht, dass Telefone auch die Nummer des Anrufenden anzeigen können. Inzwischen haben meine Eltern sogar einen eigenen Klingelton: eine laute Sirene. Und für den seltenen Fall, dass mein Vater mich mit seinem Handy anruft, hatte ich sogar mal von einer *Star-Wars*-Fanseite die röchelnde Stimme von Darth Vader runtergeladen: »Ich bin dein Vater«. Das aber schnell wieder gelöscht, weil ich bei jedem Papa-Anruf dachte, mein Vater würde plötzlich neben mir stehen.

»Deine Mail war leer«, schreibe ich meiner Mutter eine SMS zurück.

Vierzig Minuten später kommt ihre Antwort: »Nein.«

Meine Mutter wird immer schneller beim SMS-Schreiben. Inzwischen kann sie sogar schon Satzzeichen. Und damit leider auch Smileys.

Ich schaue mir noch mal die E-Mail an. Tatsächlich hat meine Mutter recht, die Mail ist nicht ganz leer, es gibt einen Anhang: ein Selfie von meinen Eltern. Also, eigentlich nur von meiner Mutter, denn mein Vater ist zur Hälfte abgeschnitten. Nächste Weihnachten gibt's einen Selfie-Stick, notiere ich mir gleich.

»Papa ist nur halb auf dem Foto drauf«, smse ich meiner Mutter zurück.

Eine Stunde lang passiert nichts. In der Zwi-

schenzeit überlege ich, vielleicht doch mein Profil-
bild zu ändern, und bearbeite mit Photoshop einige
Urlaubsfotos aus Schottland, damit ich schön ge-
bräunt und entspannt aussehe. Leider habe ich wegen des Jim-Beam-Eklats auf den meisten Fotos ein
blaues Auge.

Schließlich trifft eine neue Mail von meiner Mutter ein. Dieses Mal ist sie wirklich leer. Zwanzig Minuten kommt die nächste Mail: »Oh, vorhin leider
den Anhang vergessen, (:-(«. Auch diese Mail hat
keinen Anhang.

Ich will gerade den Laptop zuklappen, als mich
noch eine Mail erreicht, jetzt mit Anhang, ein neues
Selfie von meinen Eltern. Sie machen beide das um-
gedrehte Peace-Zeichen. Mein Vater trägt seine alte
verspiegelte Fliegersonnenbrille, und meine Mutter
macht einen Kussmund. Jetzt sind sie wirklich zu
weit gegangen.

Ich poste das Bild bei Facebook.

Komischerweise finden es alle meine Freunde voll
gut.

»So coole Eltern hätte ich auch gern«, schreibt jemand.

»Crazy Mum and Dad. Lol«, kommentiert meine
Oma.

Ich mache schnell ein Selfie von mir, mit Kussmund und Peace-Zeichen, und nehme es als neues

Facebook-Profilbild. So cool wie meine Eltern bin ich schon lange. Das finden aber dann alle nur total peinlich.

»Werd endlich mal erwachsen!«, kommentiert meine Mutter. Dazu ein lachendes Teufel-Smiley.

25. Heimwerken

Ich sitze auf dem Sofa und schaue mir ein erstaunlich ausführliches Tutorial-Video im Internet an, in dem erklärt wird, wie man eine Diskokugel baut. Meine Freundin meinte, wir würden immer spießiger werden und müssten mal wieder was Verrücktes und Wildes machen. Und eine selbst gebaute Diskokugel im Wohnzimmer ist ja wohl ziemlich wild. Und verrückt.

Das Telefon klingelt, und meine Mutter ist dran. »Dein Vater!« Sie stöhnt genervt auf. »Es ist so schlimm!«

Im Hintergrund hört man lautes Klopfen, als ob jemand wie wahnsinnig gegen ein Heizungsrohr hämmert, dann ertönt das ohrenbetäubende Kreischen eines Schlagbohrers, schließlich das Knattern eines Presslufthammers.

»Was will er denn jetzt wieder heimwerken?«, frage ich.

»Er möchte einen Kamin im Wohnzimmer installieren«, sagt meine Mutter.

»Noch einen?«

»Frag nicht, Sebastian. Seit vier Tagen lebe ich auf einer Baustelle. Er hat sogar ein Dixiklo im Badezimmer aufgestellt. It's really a mess!«

»Du machst ja wirklich Fortschritte in Englisch, Mama.«

»I do what I can ...«

»Ich baue übrigens auch gerade was Neues für unsere Wohnung ...« Das Kreischen des Bohrers, das sich anhört, als würde eine Katze erwürgt, unterbricht mich. Plötzlich schreit mein Vater laut »Scheiße« – dann bricht die Verbindung ab.

Ich hole die Stichsäge aus dem Schrank, die mir mein Vater kürzlich geschickt hat, und beginne, aus Holz, das ich mit bunten Glasscherben beklebe, die Diskokugel zu bauen. Die »Kugel« ist zwar eckig, aber immerhin glitzert sie. Ein bisschen.

Eine Stunde später ruft meine Mutter von ihrem Handy an.

»Notaufnahme?«, frage ich.

»Ja, er hat eine Stromleitung angebohrt.«

»Geht's ihm gut?«

»Ja, ja, nur ein kleiner Stromschlag. Zum Glück hat er kaum noch Haare, die ihm zu Berge stehen können.«

»Ich kann nichts dafür«, ruft mein Vater von hinten ins Telefon. »Da hätte gar keine Stromleitung verlaufen sollen.«

»Genauso wie die total überraschende Wasserleitung im Badezimmer, als du einen neuen Duschkopf anbringen wolltest?«, fragt meine Mutter.

»Oje!«, rufe ich.

»Was ist los, Sebastian?«

»Das hört sich jetzt seltsam an, aber ich habe gerade eine Diskokugel gebaut und sie an die Decke genagelt, weil ich ja keine Bohrmaschine habe ...«

»Siehst du!«, ruft mein Vater.

»Allerdings wackelt die Kugel ziemlich, wenn sie sich dreht, da muss ich vielleicht noch etwas nachjustieren. Ich hol mal die Leiter.«

»Sebastian, ruf einen Handwerker an, der das für dich macht! Du bist der Sohn deines Vaters!«

»Ach, das ist ganz einfach«, sage ich. »Das kann ich selbst.«

»Famous last words«, sagt meine Mutter.

Dann bricht die Verbindung ab.

26. Die Umdrehung der Welt

»Weißt du, was mich gerade beschäftigt?«, frage ich meine Mutter.

»Du beschäftigst dich mit was?«, ruft sie. »Das wäre ja schon mal ein Fortschritt.«

»Was soll denn das heißen?«

»Na ja, meistens sitzt du doch nur zu Hause rum und starrst apathisch mit leeren Augen an die Decke.«

»Woher willst du das wissen? Du bist achthundert Kilometer weit weg«, sage ich.

»Mütter wissen immer, was ihre Kinder machen — oder in deinem Fall: nicht machen. Das ist der achte Sinn, der Mutter-Sinn.«

»Ach, du hast gleich acht Sinne, die meisten haben ja eher sechs«, sage ich.

»Mein siebter Sinn ist, dass ich auch weiß, was dein Vater eigentlich meint, wenn er sagt: ›Es ist nichts.‹«

»Was meint er denn dann?«

»Na, dass nichts ist. Dein Vater ist ein offenes Buch für mich.«

»Also, mich beschäftigt gerade, dass heutzutage alles umgedreht wird«, sage ich. »Dass, was ehemals vernünftig war, plötzlich unvernünftig erscheint. Dass Politiker vor allem twittern können sollen, anstatt Ahnung von Politik zu haben. Dass privilegierte Männer sagen, dass sie jetzt diskriminiert werden. Dass die rechten deutschen Antisemiten sagen, die Juden vor den Muslimen schützen zu wollen. Dass wir Deutschen die Opfer einer so genannten »Masseneinwanderung« sein sollen, und nicht die Einwanderer, die auch keine anonyme Masse sind, eigentlich Opfer einer Politik sind, die vom Westen unterstützt wird – und die sie erst zu Einwanderern macht.«

»Aha«, sagt meine Mutter.

»Ich habe mir dazu eine Fabel ausgedacht: Meine fette Katze denkt, wenn sie mal wieder auf ihr Schlafkissen gekotzt hat und angeekelt davor sitzt, dass sie total unschuldig daran ist und sie das Opfer der Verunreinigung ihres Kissens. Und mit ihrer Pfote zeigt sie dann auf mich und sagt: ›Du, Herrchen Sebastian, bist der Schuldige, der mir so ein ekliges Kissen zumutet und es nicht umgehend sauber macht.‹ Dabei ist sie der Täter und ich das Opfer.«

»Das hat die fette Katze gesagt?«, fragt meine Mutter.

»In einer Fabel können Tiere reden.«

»Und du vergleichst deine fette Katze mit den Rechtspopulisten und dich mit Migranten?«

»Na ja, das wäre eine Interpretationsmöglichkeit...«

»Du bist kein Migrant, Sebastian, du bist total deutsch.«

»Die Katze ist noch deutscher«, sage ich. »Sie hat sogar so einen kleinen schwarzen Schnurrbart an der Schnauze.«

»Diese... äh... Theorie beschäftigt dich also gerade?«, fragt meine Mutter.

»Ja, ich nenne sie die *Umdrehung der Welt*. Lustig, oder?«

»Mein achter Sinn ist mir verloren gegangen«, sagt meine Mutter. »Nicht einmal ich wäre darauf gekommen, dass du dich mit so was beschäftigst.«

Wir verabschieden uns, und ich starre weiter apathisch mit leeren Augen an die Decke.

27. Autofahren

»Sebastian, ich wollte dir was erzählen. Du glaubst nicht, was passiert ist...«

»Ist gerade ungünstig, ich fahre Auto«, unterbreche ich meine Mutter. »Ich bin auf der Autobahn.«

»Und dann telefonierst du?«, ruft sie. »Das ist doch total gefährlich!«

»Deswegen sage ich ja, dass es gerade schlecht ist.«

»Warum gehst du denn überhaupt ans Telefon?«

»Ich dachte, vielleicht ist es was Wichtiges. Habe nicht gesehen, dass du es bist.«

»Das ist ja gemein. Ich könnte doch auch was Wichtiges zu erzählen haben.«

»Okay, leg los, ich bin ganz Ohr.«

»Aber doch nicht während du Auto fährst!«

»Schalt mal in den fünften Gang!«, ruft mein Vater von hinten ins Telefon. »Ich höre ja von hier aus, dass der Motor überdreht.«

»Papa! Im Gegensatz zu dir kann ich sowohl ein

Smartphone als auch einen Computer bedienen, ich werde also auch ein Auto steuern können.«

»Er wird immer so nervös, wenn er Auto fährt«, sagt meine Mutter.

»Ich bin nicht nervös. Ihr macht mich nur wahnsinnig.«

»Immer schön Schulterblick machen, wenn du überholst«, sagt mein Vater.

»Ich raste gleich aus!«

»Es ist ja auch illegal, während des Autofahrens zu telefonieren«, sagt meine Mutter. »Onkel Heiner haben sie kürzlich erwischt, als er mit deinem Vater telefoniert hat – und das war ziemlich teuer.«

»Deswegen würde ich jetzt auch gern aufhören, mit euch zu telefonieren.«

»Bist du im fünften Gang?«, fragt mein Vater.

»Ja, ich bin im fünften Gang, verdammt!«

»Aber dein Auto hört sich ganz komisch an. Ist die Handbremse noch angezogen?«

»Hör jetzt endlich auf!«, schreie ich. Dabei trete ich aus Versehen auf das Gaspedal und fahre fast das Auto vor mir an.

»Jetzt reg dich nicht so auf«, sagt meine Mutter. »Sonst baust du wieder einen Unfall. Hast du nicht erst kürzlich deinen Außenspiegel abgefahren?«

»Das war die Schuld des Fußgängers«, rufe ich. »Der hätte wirklich schneller ausweichen können.«

»Sebastian, da hupt es auch die ganze Zeit im Hintergrund…«

»Oh nein! Ich hab vergessen, den Kofferraum zuzumachen. Deswegen windet es im Auto auch schon die ganze Zeit so komisch.«

»Oh Gott, das ist ja wirklich gefährlich. Halte sofort an!«

»War nur ein Witz.«

»Ich hätte es dir zugetraut«, sagt meine Mutter. »Du hast ja auch noch nicht so lange den Führerschein.«

»Stimmt. Erst siebzehn Jahre!«

»Bist du schon so alt?«

»Ja, ich bin ein erwachsener Mensch, ich glaube es manchmal selber nicht. Vor allem, wenn ich mit euch telefoniere. Warum hast du denn angerufen?«

»Nee, nee, ich lege jetzt auf und erzähl dir lieber ein anderes Mal, dass wir bei der Fernsehsendung von Markus Lanz eingeladen sind, um davon zu erzählen, wie es ist, dich als Sohn zu haben.«

»Halt! Mama!« Ich reiße das Lenkrad aus Versehen nach rechts und fahre fast in die Leitplanke. »Das ist ja wirklich wichtig. Warum laden die denn euch ein und nicht mich?« Aber meine Mutter hat schon aufgelegt.

Sofort halte ich auf dem Standstreifen an und mache den Kofferraum zu.

28. Überwachen

»Irgendwas stimmt mit dem Telefon nicht«, sagt meine Mutter. »Es knackt so beim Telefonieren.«

»Ich dachte, das neue Telefon von Samson ist so gut?«, stelle ich eine Fangfrage.

»Oh, Sebastian, das heißt Samsung. Du bist ja niedlich...«

»Aber Mama, du hast doch gesagt...«

»Dein Sohn denkt, Samsung heißt Samson«, ruft meine Mutter meinem Vater zu. »Wie bei der Sesamstraße. Ist er nicht niedlich?«

»Als Baby war er niedlich«, brummt mein Vater. »Da konnte er noch nicht sprechen.«

»Jedenfalls knackt es so seltsam beim Telefonieren«, fängt meine Mutter wieder an.

»Ich höre nichts«, sage ich.

»Doch. Wart mal.«

Wir schweigen zwei Minuten. So schön kann Telefonieren mit den Eltern auch sein.

»Alles in Ordnung«, sage ich dann. »Es knackt nicht.«

»Vorhin hat es die ganze Zeit geknackt. Das ist jetzt der Verführeffekt.«

»Du meinst Vorführeffekt«, sage ich.

Dann knackt es sehr laut.

»Jetzt hat es geknackt!«, ruft meine Mutter triumphierend.

»Ich habe nichts gehört!«

»Sebastian, verarsch mich nicht!«

»Mama, Mütter sagen nicht *verarschen*, sondern *veräppeln* oder *an der Nase herumführen*.«

Es knackt wieder.

»Ah, noch mal!«, ruft meine Mutter. »Irgendwas stimmt da nicht.«

»Vielleicht werdet ihr abgehört. Hast du in letzter Zeit mal *IS* gegoogelt? Oder *Die Linke* gewählt?«

»So etwas würden wir doch nie machen«, sagt meine Mutter.

»Na ja«, grummelt mein Vater.

»*Linke* oder *IS*?«, frage ich. »Kann ich mir beides irgendwie nicht vorstellen.«

»Ach, warum sollte man uns denn abhören?«, fragt meine Mutter.

»Schon mal etwas von Edward Snowden gehört? Seit seinen Enthüllungen weiß man, dass die NSA und auch die europäischen Geheimdienste uns alle überwachen, egal, ob wir verdächtig sind oder nicht.«

»Aber uns überwacht doch niemand«, beharrt meine Mutter.

»Doch, auch ihr werdet überwacht.« Es knackt wieder. »Siehst du, da hört jemand mit.«

»Gehen Sie aus der Leitung!«, ruft sie panisch. »Oder ich rufe die Polizei!«

»Vielleicht ist das die Polizei«, sage ich. »Vielleicht wissen die, dass Papa damals dem Porsche, der immer vor unserer Einfahrt geparkt hat, die Reifen aufgestochen hat.«

»Pscht!«, macht meine Mutter und sagt dann laut und überdeutlich: »Das stimmt nicht, liebe Polizei! Das war ein Marder.«

»Hör auf, deine Mutter nervös zu machen«, ruft mein Vater. »Wir werden nicht überwacht. Und selbst wenn jemand uns abhört: Wir haben nichts zu verbergen.«

»Wirklich? Ihr habt gar nichts zu verbergen?«, frage ich.

»Nein!«, ruft mein Vater.

»Doch!«, sagt meine Mutter gleichzeitig.

Für einen Moment herrscht Stille.

»Das wäre ja mal was Neues, wenn du Geheimnisse hättest«, sagt mein Vater zu meiner Mutter.

»Du weißt nicht alles von mir!«

»Du auch nicht von mir!«, ruft mein Vater trotzig.

»Seht ihr, liebe Eltern, vielleicht wäre es doch ganz gut, wenn es so etwas wie Privatsphäre gäbe und der Staat nicht jede E-Mail von euch lesen kann.«

»Dein Vater kann gar keine E-Mails schreiben!«

»Doch!«

»Ist das dein Geheimnis?«, fragt meine Mutter. »Oder dass du den *IS* wählst?«

»*Die Linke*!«, ruft mein Vater. »Aber nur einmal. Bei der Europawahl.«

»Ist ja gut, liebe Eltern«, unterbreche ich sie. »Es geht doch ums Prinzip. Wenn du keine E-Mails schreibst, dann hören sie eben dein Telefon ab oder sammeln die Daten, die du den sozialen Netzwerken gibst, oder schauen, was du mit deiner Kreditkarte bezahlst oder wofür du Punkte im Supermarkt sammelst.«

»Aber vielleicht werden so Terroranschläge verhindert?«, sagt meine Mutter. »Außerdem bekommt man tolle Sachen, wenn man genug Punkte hat.«

»Es werden Terroranschläge verhindert, indem sie euch unbescholtene Bürger abhören? Also, fast unbescholten, wenn man mal von dem Porsche absieht, den Papa ...«

»Ein Marder!«, rufen meine Eltern.

»Jedenfalls gehen so viele Ressourcen für total nutzlose Überwachungsmaßnahmen drauf. Und am

Ende hat man so viele Daten, dass gar nicht mehr die wichtigen von den unwichtigen unterschieden werden können. Die wahren Ziele der Überwachung sind Wirtschafts- und Diplomatie-Spionage. Oder warum hört die NSA Angela Merkels Handy ab? Außerdem wird mit der ständigen Möglichkeit von Überwachung Systemkonformität erzeugt, indem man normale Bürger zu potentiellen Verbrechern sterilisiert.«

»Stilisiert«, sagt meine Mutter.

»Wenn du so was am Telefon erzählst, dann werden wir wirklich bald überwacht«, sagt mein Vater.

Es knackt zustimmend im Telefon.

»Vielleicht lege ich jetzt lieber auf«, flüstert meine Mutter.

»Edward Snowden ist ein Freiheitskämpfer«, sage ich.

Es knackt wieder. Lauter und bedrohlich.

»Asyl für Snowden in Deutschland!«

Das Knacken hört gar nicht mehr auf.

»Liebe Polizei, ich habe mich verwählt«, sagt meine Mutter.

»Wer sind Sie, mein Herr?«, fragt mich mein Vater.

»Freiheit für Julian Assange!«, rufe ich.

Dann bricht die Verbindung ab.

29. Urlaub

»Wir können jetzt erst mal nicht mehr telefonieren«, sagt meine Mutter.

»Oh nein, was soll ich dann nur mit meinem
Leben anfangen?«, rufe ich.

»Du musst auch mal lernen, allein zurechtzu-
kommen. Du kannst nicht ewig deine Eltern um Rat
fragen.«

»Wann frage ich denn dich um Rat? Ich muss *euch*
doch die ganze Zeit helfen.«

»Was kannst du uns schon erklären, du hast ja
noch gar keine Lebenserfahrung.«

»Immerhin reicht es, euren Router einzurichten.«
Ich muss schmunzeln, weil ich das WLAN meiner
Eltern »WLehmann« genannt habe.

»Das Internet ist aber immer noch langsam!«

»Fällt dir eigentlich der Widerspruch auf, Mama?
Einerseits denkst du, ich sei immer noch ein Kind
ohne Lebenserfahrung, andererseits gehst du davon

aus, ich könne die allgemeine Geschwindigkeit des Internets beeinflussen.«

»Wofür sind Kinder denn sonst gut, wenn sie den Router nicht einrichten können?«

»Ich habe euren Router eingerichtet!«

»Aber falsch, es geht ja nicht.«

»Das Internet geht, es ist nur langsam, weil ihr euch weigert, mehr Geld zu zahlen.«

»Dann frag ich halt den Sohn von unseren Nachbarn. Der ist nämlich ET-Berater.«

»Er berät nette Außerirdische? Wie sie am besten nach Hause telefonieren können, oder was?«

»Was redest du denn da schon wieder?«

»Wofür braucht ihr denn überhaupt schnelles Internet?«, frage ich.

»Wir wollen uns deine Videos anschauen und deinen Podcast hören.«

»Echt? Das ist aber nett.«

»Unser Anwalt meinte, bei einigen Sachen, die du über uns schreibst, könnten wir Tantiemen einklagen.«

»Das ist jetzt ein Witz, oder?«

»Ja, ja«, sagt meine Mutter kryptisch.

»Warum können wir denn jetzt eigentlich nicht telefonieren in nächster Zeit?«, lenke ich schnell ab. »Ist das Telefonnetz auch zu langsam?«

»Nein, wir fahren in den Urlaub.«

»Und wohin geht's?«, frage ich.

»Wir fahren nach Rhodos.«

»Was? Cottbus?«

»Um Gottes willen.«

»Auch in Cottbus gibt es schöne Ecken«, sage ich. »Das berühmte Kottbusser Tor zum Beispiel.«

»Fährst du denn auch mal wieder richtig in Urlaub?«, fragt meine Mutter.

»Ich war doch erst in Schottland!«

»Richtiger Urlaub ist mit Sonne und Strand. Und mit einem Meer, in dem man schwimmen kann, nicht die Nordsee.«

»Katharina und ich machen bald noch einen Städtetrip. Drei Tage Paris.«

»Aber da ist es doch so gefährlich! Dann muss ich mir ja noch mehr Sorgen machen.«

»Frankreich ist immer noch Europa«, rufe ich. »Ich fahre doch nicht nach Syrien. Oder Sachsen.«

»Du kannst auch mit uns nach Rhodos kommen. Wir haben All-infusiv gebucht.«

»Kriegt man da das ganze Buffet per Infusion?«, frage ich. »Das Rentnerglück schlechthin.«

»Ich lege gleich auf, Sebastian!«

»Tut mir leid, das ist keine Drohung.«

»Warum bist du denn auf einmal so schlecht drauf?«, fragt meine Mutter. »Hast du einen Donald Trump gefrühstückt?«

»Der war lustig, Mama!«, sage ich überrascht. »Aber ich war eher mit Erdogan duschen… Im Ernst: Ich werde halt sauer, wenn man die Krisen in der Welt nur danach beurteilt, ob man als Deutscher noch in den Urlaub dort hinfahren kann. Es geht doch nicht immer nur um uns, wir sind bei den ganzen Krisen in der Welt bestimmt nicht die Opfer. Früher hieß es mal: ›Südfrankreich? Zu heiß.‹ Heute sagen alle nur noch: ›Türkei? Zu Erdogan.‹ Oder: ›England? Zu Brexit.‹ Oder: ›USA? Zu Trump.‹«

»Dann komm doch zu uns in den Schwarzwald!«, schlägt meine Mutter vor.

»Nee, danke. Das ist mir *zu Mama*.«

»Ach, Sebastian, besuch uns mal wieder, wenn wir aus Rhodos zurück sind! In Freiburg ist das Wetter so schön. Fast wie in der Toskana oder in Südfrankreich.«

»Na gut, vielleicht. Aber eigentlich ist mir bei euch das Internet zu langsam.«

30. 34 Minuten und 15 Sekunden

Ich habe lange nichts von den Eltern gehört. Dabei müssten sie schon längst wieder aus dem Urlaub zurück sein. Von Rhodos haben sie nicht angerufen, weil mein Vater meinte, das sei viel zu teuer. Zum Glück wusste er nicht, dass es in ihrem Tarif gar nicht mehr kostet. Ich wähle ihre Nummer, und es klingelt sehr lange. Vielleicht ist heute wieder Fußball? Dann meldet sich endlich meine Mutter: »Sebastian, es ist gerade sehr ungünstig…«

»Ich wollte eigentlich nur fragen, wie es im Urlaub war.«

»Schön. Hast du unsere Postkarte nicht bekommen?«

»Da stand nur drauf: ›Essen gut, Meer warm, zu teuer.‹«

»Dann weißt du ja alles. Kannst du vielleicht in… ähm… 34 Minuten und 15 Sekunden wieder anrufen?«

»Warum genau in 34 Minuten und 15 Sekunden?«

»Dann ist die Folge zu Ende.«

»Was für eine Folge? Schaut ihr etwa eine Serie?«

»*Game of Drones*«, sagt meine Mutter.

»Jetzt bin ich aber doch etwas überrascht. Ich dachte, die einzige Serie, die ihr anschaut, ist das *Traumschiff*.«

»Ey, Sohn, wir sind bald fertig mit allen Staffeln *Games of Domes*«, ruft mein Vater von hinten ins Telefon. »Kannst du uns noch andere Serien empfehlen? Als Arbeitsloser hast du ja genug Zeit, diese ganzen Serien zu gucken.«

»Ich bin nicht arbeitslos, Papa, sondern stelle zusammen mit meinem ehemaligen Chemielehrer in einem alten Wohnwagen Crystal Meth her und verdiene voll viel Geld.«

»Siehst du«, sagt meine Mutter zu meinem Vater. »Ich wusste immer, dass er es zu etwas bringt.« Dann wendet sie sich wieder mir zu: »Was kannst du uns denn jetzt empfehlen?«

»Wie wär's mit einem Klassiker?«, schlage ich vor. »*The Wire*?«

»Der Weiher?«, fragt meine Mutter.

»Ja, genau, *Der Weiher Ertrunken im Waldsee*. Oder *Mad Man*, da geht's um einen total verrückten Superhelden.«

»Ich fand ja vom Titel her diese Serie *How I met your mother* ganz interessant«, sagt meine Mutter.

»Bei uns war das ja ganz unspektakulär, als ich deine Mutter zum ersten Mal getroffen habe«, sagt mein Vater. »Sie hatte sich an den Eingang der Uni gekettet, um gegen den Sexismus der Professoren zu protestieren, und ich fuhr gerade mit meiner Harley vorbei – ich war auf dem Weg nach Goa. Natürlich habe ich sofort angehalten. Sie ist dann einfach mitgekommen, und wir haben die nächsten zwei Jahre in Indien in einem Ashram gewohnt. Das waren noch Zeiten!«

»Was?«, rufe ich völlig entgeistert. »Das habe ich ja noch nie gehört! Ich dachte, ihr habt euch bei einer Weihnachtsfeier kennengelernt?«

»Du weißt nicht alles von uns«, sagt meine Mutter. »Bevor du geboren wurdest, hatten wir ein ganz anderes Leben.«

»Aber da hattet ihr doch schon Christian.«

»Ach, mit einem Kind ist ja alles noch einfach, da konnte man frei und ungebunden in den Tag hineinleben, aber als du dann gekommen bist...« Meine Mutter stöhnt auf. »Na ja, man muss eben Opfer bringen.«

»Das hört sich ja furchtbar an. Ich bin also schuld daran, dass ihr euer freies Leben aufgeben musstet.«

»So schlimm war es nicht. Wenn man eine Familie hat, erfreut man sich dann eben an den kleinen Dingen«

»Aha. An was denn?«

»Na ja... Vielleicht eine spannende Serie, die man nach einem anstrengenden Tag anschauen kann?«

»Wo schaut ihr euch eigentlich *Game of Thrones* an?«

»Im Computer«, sagt meine Mutter.

»Ist der so groß, dass ihr da beide reinpasst?«

»Hä?«

»Ach, nichts. Hab grad nur zu viel Crystal Meth geraucht. Streamt ihr auf illegalen Internetseiten? Das wäre ja immerhin wieder ein bisschen Rebellion...«

Stille.

»Mama, bist du noch da?«

»Oh, das ist aber brutal, jetzt stirbt der auch noch!«

»Schaut ihr etwa weiter *Game of Thrones*, während ihr mit mir telefoniert?«

Stille.

»Mama! Hallo!«

»Ja, Sebastian, wir rufen dich zurück. Morgen. Oder besser nächste Woche. Und bring uns doch nächstes Mal, wenn du zu Besuch kommst, etwas von diesem Crystal Meth mit. Das klingt sehr interessant. So was haben wir früher auch gern genommen.«

Sie legt auf.

31. Geschenke

»Was wünschst du dir denn dieses Jahr zu Weihnachten?«, fragt meine Mutter.

»Mama, heute ist der 24. August! Stellt Papa auch schon den Weihnachtsbaum auf, oder was?«

»Das kann er doch nicht mehr allein, mit seinem Rücken«, sagt meine Mutter. »Du musst ihm helfen, wenn du zu Besuch kommst.«

»Ich komme in einer Woche. Wenn wir da den Baum aufstellen, hat er an Weihnachten längst keine Nadeln mehr.«

»Nie hilfst du uns, Sebastian. Wie soll denn das erst werden, wenn wir alt sind?«

»Ihr seid alt.«

»Wenn du mal in unserem Alter bist, dann sagst du so etwas nicht mehr.«

»Das bekommt ihr dann eh nicht mehr mit, da seid ihr längst ...« Ich wollte mit meinen Eltern in ihrem Alter nicht mehr über den Tod zu sprechen.

»Wir sind immer noch deine Eltern, auch wenn wir sterben«, sagt meine Mutter aber.

Alles, was ich in neunzehn Semestern Philosophiestudium über Logik gelernt habe, denke ich, hat keinerlei Wert, wenn ich mit meiner Mutter telefoniere.

»Was willst du denn nun zu Weihnachten?«, fragt sie wieder.

»Keine Ahnung. Denkt euch was aus, ihr habt ja noch vier Monate.«

»Es wird langsam Zeit, dass du endlich Verantwortung übernimmst«, sagt meine Mutter. »Irgendwann musst du auch mal anfangen, längerfristig zu planen.«

»Unsere Generation kann doch gar keine Verantwortung übernehmen«, sage ich, »weil wir von euch, den fürsorglichen Post-68er-Eltern, nicht in die Freiheit der Entscheidungsfähigkeit entlassen wurden und in einer endlosen Schleife der kindlichen Regressivität gefangen sind.«

»Wir hätten damals verbieten sollen, dass du Philosophie studierst«, sagt meine Mutter.

»Ich bin sechsunddreißig Jahre alt, und du schickst mir immer noch jedes Jahr einen Adventskalender. Wie soll ich mich denn da als Erwachsener fühlen?«

»Oh nein, den Kalender muss ich ja auch noch machen!« Meine Mutter stöhnt laut auf.

»Stimmt! Dafür hast du ja nur noch drei Monate Zeit.«

»Warum hast du eigentlich nicht Mathe studiert, wenn du so gut rechnen kannst? Dann wäre wenigstens etwas Ansehnliches aus dir geworden.«

»Mutter, ich habe ständig Auftritte in Berlin, und die Leute kommen nur, um mich lesen zu hören.«

»Ach, die kommen doch nicht wegen dir«, sagt meine Mutter, »sondern wegen Marc-Uwe.«

»Mama! Das kannst du doch nicht sagen! Dann könnte ich ja auch sagen, dass ich nur wegen Papa nach Freiburg komme.«

»Wenn du weiter so böse bist, bekommst du dieses Jahr keinen Adventskalender.«

»Oh, ja bitte!«, rufe ich.

»Sei nicht so gemein zu deiner Mutter!«, ruft mein Vater von hinten ins Telefon.

»Sie hat angefangen!«

»Gleich gibt's eine hinter die Ohren!«

Ich schlage mir den Telefonhörer gegen die Ohren.

»Geld«, sage ich dann.

»Was?«, fragt meine Mutter.

»Ich wünsche mir Geld zu Weihnachten. Wie jedes Jahr.«

»Na, sag's doch gleich«, ruft meine Mutter beruhigt und legt auf.

32. Handy

Ich bin bei meinen Eltern in Freiburg zu Besuch und sitze mit meiner Mutter auf dem Balkon. Wie immer ist wunderschönes Wetter. Für die Freiburger gehört ihre Stadt schon zu Südeuropa. Im Sommer werden in der Fußgängerzone tatsächlich Palmen aufgestellt. Dann planschen die Kinder in den berühmten Bächle, es wird italienisches Eis gegessen und Boule gespielt. Angeblich gibt es viele Freiburger Kinder, die gar nicht wissen, dass ihre sonnige und grüne Stadt zum grauen und hässlichen Deutschland gehört. Sie sprechen ja auch eine Sprache, die im restlichen Land niemand versteht.

»Irgendwie geht mein Handy nicht mehr«, sagt meine Mutter und schüttelt es.

»Das Schütteln hilft bestimmt.«

»Bei dir als Baby hat es auch geholfen.«

»Mama!«

»Das Handy ist wirklich kaputt«, sagt meine Mutter. »Nie geht jemand ran, wenn ich anrufe.«

»Ob das wirklich am Handy liegt?«

»Woran denn sonst? Ich ruf dich mal an. Mal sehen, ob es dann geht.«

Ich zucke mit den Schultern. »Wenn es sein muss.«

Meine Mutter tippt auf ihrem Telefon rum. Ein paar Sekunden später macht mein Handy einen lauten Sirenensound, und auf dem Display steht: »Vorsicht! MUTTER! Nicht rangehen!«

»Siehst du, geht«, sage ich.

»Und jetzt ruf du mich mal an.«

»Habe ich eine Wahl?«, frage ich.

»Du kannst auch mal was für deine Mutter machen. Neun Monate habe ich dich in meinem Bauch getragen und dann nach siebenundzwanzig Stunden, mitten in der Nacht, unter schlimmsten Schmerzen auf die Welt ...«

Ich halte mir die Ohren zu. »Ist ja gut!« Ich wähle die Nummer meiner Mutter, und ihr Handy klingelt.

»Hallo! Sebastian! Es geht!«, ruft sie ins Telefon.

»Ich kann dich auch so hören, du brauchst nicht in dein Telefon sprechen.«

»Ich ruf mal deinen Vater an«, sagt sie unbeeindruckt. »Mal schauen, ob das auch geht.«

»Wenn du meinst.«

»Mein Handy klingelt«, ruft mein Vater von drinnen.

»Geh mal ran.«

»Wie geht das?«, ruft mein Vater.

»Das weißt du doch! Auf das grüne Telefonsymbol drücken«, ruft meine Mutter.

»Hier ist nichts grün.«

»Doch!«

»Oh, jetzt ist es weg. Das blöde Handy ist schon wieder kaputt.« Man hört, wie mein Vater das Handy wütend auf den Tisch knallt. »Wofür brauche ich überhaupt so ein Ding?«

»Eine berechtigte Frage«, murmle ich, doch meine Mutter ist schon aufgesprungen.

»Was hast du denn jetzt wieder gemacht?« Sie rennt aufgebracht nach drinnen zu meinem Vater.

»Liebe Eltern, ist meine Anwesenheit hier noch erforderlich? Sonst würde ich mal in mein Zimmer gehen und eine halbe Stunde lang meinen Kopf gegen die Wand schlagen.«

Plötzlich klingelt mein Handy.

»Hallo?«, frage ich.

»Ist doch nicht kaputt«, sagt mein Vater und legt auf.

Ich gehe in mein Zimmer und lege mich aufs Bett. Fast zwanzig Jahre habe ich in diesem Raum gelebt.

Am Türrahmen kann man noch verblichene Blei-
stiftstriche erkennen, die meine Größe in einem be-
stimmten Alter anzeigen. Die letzte Markierung ist
vom 3.9.1994. Da war ich schon ganze 1.64 groß.

Wenn ich aus dem Fenster schaue, wundere ich
mich immer noch, dass die große Eiche verschwun-
den ist. Mein Vater hat sie zusammen mit Onkel
Heiner gefällt, und sie ist auf unser Dach gekippt.
Seitdem regnet es in den Speicher. Dafür steht jetzt
eine kleine Palme vor dem Fenster.

Meine Eltern haben mein Kinderzimmer sofort
nach meinem Auszug ausgeräumt. Immer wenn ich
zu Besuch bin, schlafe ich hier. Es ist sehr deprimierend, denn inzwischen nutzen sie es als Hobbyraum. Allerdings haben sie keine Hobbys, deswegen
stehen nur ein Bett, ein Regal und ein Stuhl im Zimmer. Im Regal stapelt sich das Bertelsmann-Buch-
club-Lexikon aus den mittleren Achtziger-Jahren.
Manche Bände sind noch in Plastik eingeschweißt.

Ich schließe meine Augen und schlafe sofort ein.

Telefonklingeln weckt mich auf.

»Hallo Mama«, sage ich. »Dein Handy funktioniert immer noch.«

»Komm mal ins Wohnzimmer!«, ruft meine Mutter. So laut, dass ich sie doppelt höre. »Der Film
fängt an.«

Ich stehe auf und schlurfe ins Wohnzimmer. Dort

sitzen meine Eltern auf der Couch und schauen erwartungsvoll den Fernseher an. Mein Vater hat meiner Mutter ihren Lieblingsfilm *Pretty Woman* auf DVD geschenkt. Und ich ihnen dann einen DVD-Player, weil mein Vater so traurig vor dem Videorekorder stand.

»Na, dann mal los«, sage ich und quetsche mich zwischen meine Eltern auf das Sofa. So saßen wir auch früher immer vor dem Fernseher. Mein Bruder hatte einen Fernsehsessel für sich allein.

Als sich die erste Sexszene zwischen Julia Roberts und Richard Gere anbahnt, spult mein Vater vor. Meine Mutter hält mir die Augen zu.

»Hallo! Ich bin erwachsen!«, rufe ich. »Auch wenn ich nur acht Zentimeter größer bin als mit zwölf, weiß ich inzwischen, was Sex ist. Außerdem wohne ich in Berlin in der Nähe des Rotlichtbezirks – und ich kann euch sagen, die echten Prostituierten sehen nicht aus wie Julia Roberts. Zudem habe ich erst gestern *aus Versehen* auf Youporn geklickt und *aus Versehen* eine Orgie mit fünf Frauen und sieben Männern in Häschenkostümen und Handschellen angeklickt.«

Jetzt hält meine Mutter meinem Vater die Ohren zu.

33. Kartoffelsalat und Fake News

Meine Mutter und ich sitzen in der Küche. »Soll ich heute wieder kochen?«, frage ich.

»Wir hatten jetzt schon die letzten drei Tage Tiefkühlpizza«, beschwert sich meine Mutter.

»Aber immer unterschiedliche. Erst Margarita, dann Mozzarella, dann Basilikum.«

»Heute gibt es Kartoffelsalat«, sagt sie. Sie setzt Kartoffeln auf, und ich lese in der Zwischenzeit im *Spiegel*, den meine Eltern im Abo haben.

»Hier steht mal wieder, dass Angela Merkel 2015 die Grenzen für die Flüchtlinge aufgemacht hat«, rege ich mich sofort auf. »Dabei waren sie natürlich wegen des Schengen-Abkommens offen, und sie hätte sie schließen müssen. Das ist ein großer Unterschied. Sie hätte Menschen mit Waffengewalt abhalten müssen, die Grenze zu überqueren.«

»Was hast du gesagt?«, fragt meine Mutter. »Ich hab dir gerade nicht zugehört.«

»Gerade? Sonst hörst du mir immer zu oder was?«

»Was hast du gesagt? Ich hab dir gerade nicht zugehört.«

»Αποδείχθηκε«, sage ich.

»Was hast du gesagt?«

»Das ist Griechisch für *quod erat demonstrandum*. Egal. Ich meinte nur, dass die Grenzen offen waren. Aber wenn man den Leuten lange genug Schwachsinn erzählt, glauben sie es irgendwann.«

»So wie du früher als Kind«, sagt meine Mutter.

»Ihr habt mir Fake News erzählt?«

»Schnulle 3 und 4 waren doch auch nett.« Sie holt Speck aus dem Kühlschrank und streut ihn zu den Kartoffeln in die Schüssel.

»Hast du da gerade Speck drangemacht?«

»Nein, das sind Zwiebeln.« Sie überlegt kurz. »Speck isst du doch, oder?«

»Mama, ich bin Vegetarier, ich esse gar kein Fleisch. Ist das nun Speck oder nicht?«

»Vielleicht.«

»Ich esse diesen kontaminierten Kartoffelsalat nicht!«

»Da ist nur ein ganz klein wenig Speck dran, das merkst du gar nicht.«

»Dir ist schon klar, dass alles, was du sagst, überhaupt keinen Sinn ergibt?«

»Das muss auch keinen Sinn ergeben, ich bin schließlich deine Mutter.«

»Ich bin keine vier Jahre mehr alt«, sage ich. »Du kannst mir nicht mehr einfach Fake News erzählen, und ich glaube es dann. Ich habe inzwischen herausgefunden, dass es den Weihnachtsmann nicht gibt, sondern dass das immer Papa war.«

»Es war aber Onkel Heiner.«

»Und ich weiß auch, dass ich keine eckigen Augen bekomme, wenn ich zu viel fernsehe.«

»Probier's lieber nicht aus, Sebastian.«

»Oder dass es nicht so bleibt, wenn man schielt.«

Ich schiele meine Mutter an.

»Hör auf, sonst bleibt das!«, sagt sie sofort.

Ich schlecke ein Messer ab.

»Hör auf, sonst schneidest du dir in die Zunge!«, ruft sie. »Ich kann einfach nicht anders, als das zu sagen.«

Ich ziehe meine Nase hoch.

»Hör auf, das geht sonst ins Gehirn!«

»Der ist neu«, sage ich. »Den kenne ich gar nicht.«

»Ja, ist von Donald Trump«, sagt meine Mutter.

Mein Vater kommt in die Küche. »Mmh, ist das Speck?«, fragt er und beginnt sofort den Speck aus dem Kartoffelsalat zu picken.

»Manchmal lösen sich die Probleme in unserer Familie auf sehr einfache Weise«, sage ich.

Das Handy meiner Mutter klingelt. Sie will rangehen, aber ich nehme es ihr aus der Hand.

»Du solltest nur mit Headset telefonieren«, sage ich. »Von Handystrahlen bekommt man Krebs.«

»Wer hat dir das denn erzählt?«

»Steht im *Spiegel*«, sage ich.

Mein Vater schaut kritisch in die Schüssel mit dem Kartoffelsalat, den er schon zur Hälfte aufgegessen hat. »Ich würde da ja noch Schinken reinschneiden«, sagt er.

»Ich mach mir eine Tiefkühlpizza«, sage ich.

»Mit Schinken? Da bin ich dabei!«, ruft mein Vater.

Ich schlage mit dem Kopf auf den Küchentisch.

34. Rommé

Ich spiele mit meinen Eltern Rommé. Wie immer gewinne ich souverän.

»Ich bin so gut!«, rufe ich. »Schon wieder Rommé-Hand und ihr verliert! Haha! Ich gewinne gegen euch beim Rommé, da ist es auch nicht schlimm, dass ich neunzehn Semester ein von euch finanziertes Studium verbummelt habe!«

Ich lache, aber meine Eltern schauen mich ernst an. »Ihr habt wirklich keinen Humor.«

»Mit Humor bezahlt man auch keine Rechnungen«, sagt mein Vater.

»Marc-Uwe schon«, sage ich.

Meine Mutter schaut mich ernst an. »Nur weil ich deine Mutter bin, heißt das noch lange nicht, dass ich keinen Humor habe.«

»Doch«, sage ich. »Du fandest es zum Beispiel nicht witzig, als ich dir das Buch über den Ödipus-Komplex von Sigmund Freud geschenkt habe.«

»Eigentlich fand es vor allem dein Vater nicht witzig«, sagt meine Mutter. »Außerdem bedeutet es nicht, dass ich keinen Humor habe, nur weil ich über deine Witze nicht lachen kann. Über die Witze von Marc-Uwe kann ich nämlich zum Beispiel immer lachen.«

»Der eine hat den Beutel, der andere das Geld«, ruft mein Vater, und meine Eltern lachen.

Das war eigentlich ein erstaunlich logisches Argument meiner Mutter. Ich versuche, mit einem typischen Elternargumentationsmuster dagegenzuhalten: »Das ist was anderes!«

»Gestern habe ich übrigens den Rafael getroffen«, wechselt meine Mutter zum Glück das Thema. »Mit dem hast du früher immer so schön gespielt.«

»Ich kann mich an keinen Rafael erinnern«, sage ich.

»Ihr wart doch beste Freunde«, lässt sie sich nicht beirren.

»Ich kenne wirklich keinen Rafael.«

»Doch, den Rafael, den kennst du!«

»Nein!«, rufe ich.

»Schrei deine Mutter nicht so an«, mischt sich mein Vater ein.

»Das machst du doch auch immer«, sage ich.

»Das ist was anderes«, brummt mein Vater.

»Na gut, Mama, ich erinnere mich an Rafael«,

lenke ich ein. »Wie geht's denn meinem alten Freund?«

»Der hat jetzt ein Kind«, sagt meine Mutter.

»Wahnsinn, wie hat er das bloß geschafft?«

»Hatten wir dir das nicht erklärt?«, fragt mein Vater. »Das ist wie bei den Bienen, wenn sie eine Blume ...«

»Ich weiß, wie man Kinder macht!«

»Und warum hast du dann keine? Enkelkinder, hach, das wäre schön, aber da können wir ja lange warten«, sagt meine Mutter.

»Aha, daher weht der Wind«, sage ich.

»Heute windet es gar nicht«, sagt mein Vater.

»Papa, hör auf, über das Wetter zu reden!«

»Willst du keine Kinder, weil du Angst hast, sie könnten so werden wie du?«, fragt meine Mutter.

»Das hast du jetzt nicht wirklich gesagt.«

»Du warst wirklich kein einfaches Kind«, sagt sie. »Im Gegensatz zu deinem Bruder – ein braves und intelligentes Baby, das alle mochten. Du hast dagegen viel geschrien, und schlafen wolltest du nie.«

»Das kann ich mir heute gar nicht mehr vorstellen«, sage ich.

»Ihr habt schon mal, oder? Du und deine mysteriöse Freundin?«

»Was meinst du?«

»Na ja, du weißt schon, dings.«

»Dings?«

»Na, halt das, was Richard Gere und Julia Roberts bei *Pretty Woman* gemacht haben.«

»Normalerweise muss ich nicht bezahlen«, sage ich.

»Von was auch?«, fragt mein Vater.

»Ein niedliches Enkelkind«, sagt meine Mutter. »Von mir aus kannst du es auch Agamemnon nennen.«

Ich werfe meine Rommé-Karten wütend auf den Tisch. »Ich werde jetzt nicht mehr über Kinder reden!«

»Reg dich doch nicht so auf«, sagt meine Mutter.

»Wir lassen dich schon die ganze Zeit gewinnen, damit du nicht wieder so schlecht gelaunt bist«, ergänzt mein Vater.

Ich springe empört auf. »Das stimmt doch nicht! Ich spiele einfach besser als ihr, deswegen gewinne ich die ganze Zeit!«

»Mh, natürlich«, sagt meine Mutter.

»Wir haben dich früher als Kind auch schon immer gewinnen lassen«, sagt mein Vater ungerührt.

»Das stimmt nicht!«

»Du freust dich doch immer so, wenn du gewinnst«, sagt meine Mutter. »Uns ist das nicht so wichtig.«

»Schau, hier!« Mein Vater zeigt mir seine Karten. »Ich hätte schon längst fertig machen können.«

Tatsächlich, er hat viel bessere Karten als ich. Ich lasse mich resigniert in den Sessel fallen. »Auch beim *Monopoly*?«, frage ich schließlich.

»Ist doch nicht so wichtig«, sagt meine Mutter.

»Man bekommt nicht bei jedem Zug automatisch 1000 Dollar, wenn man unter 1.60 groß ist«, sagt mein Vater.

»Und *Scrabble*?«

Meine Eltern nicken bedrückt.

»Wir dachten, wenigstens bei *Mensch ärgere dich nicht* würdest du es merken«, sagt mein Mutter.

»Aber nee«, ergänzt mein Vater.

»Mein ganzen Leben aufgebaut auf Lug und Trug. Fake News!«, sage ich. »Meine einzigen Erfolgserlebnisse von fürsorgenden Eltern unrechtmäßig herbeigeführt. Ich bin ein Verlierer, ein Loser.«

»Hast du nicht kürzlich den dritten Preis bei diesem Kabarettwettbewerb gewonnen?«, versucht mich meine Mutter aufzumuntern.

»Es gab nur drei Teilnehmer«, sage ich leise.

»Du bleibst immer unser Sohn, auch wenn du ein Verlierer bist«, sagt mein Vater.

»Jetzt tut er mir doch leid«, flüstert meine Mutter laut meinem Vater zu. Nur Mütter können ja so laut flüstern, dass es jeder hört.

»Du kannst dich ja mal mit dem Rafael treffen«, sagt sie dann zu mir. »Der ist jetzt erfolgreicher Fliesenleger. Vielleicht darfst du bei ihm ein Praktikum machen.«

Ich schaue meine Mutter fassungslos an. »Das war jetzt ein Witz, oder?«

»Und dann behaupte noch mal, ich hätte keinen Humor«, sagt sie und verteilt grinsend die Karten neu.

35. Alles wie immer

An meinem letzten Tag in Freiburg gehe ich mit meinen Eltern ins Restaurant. Also, in eine »Gaststätte«, wie man in Freiburg sagt. Die Gaststätten heißen entweder *Zum Ochsen, Zum Lamm* oder *Zum Hirschen*. Das gibt in etwa auch die Gerichte auf der Speisekarte wider. Vielleicht sollte ich mal ein vegetarisches Restaurant eröffnen, das *Zum Kürbis* oder *Zur Zucchini* heißt. Man kann in Freiburg noch *Zum Griechen* gehen, da gibt es allerdings auch nur Fleisch.

Meine Mutter ruft mich an.

»Hallo, wo bist du denn?«, fragt sie.

»Ich stehe direkt neben dir«, sage ich. »Schon seit zwei Minuten.«

»Na, groß isser eben nicht«, sagt mein Vater, »da kann man ihn schon mal übersehen.«

»Es ist unhöflich, über Anwesende in der dritten Person zu sprechen.«

»Aber du bist doch die dritte Person«, sagt mein Vater. »Vater, Mutter und Sohn.«

Wir betreten die Gaststätte.

Egal, wohin meine Eltern essen gehen, sie bestellen grundsätzlich die gleichen zwei Gerichte: Meine Mutter isst Lachs in Sahnesoße und mein Vater Rinderbraten. Als ich mit meinen Eltern mal in Berlin beim Inder war, verursachte er mit diesem Wunsch einen kleinen Eklat. In Freiburg gibt es solche Probleme nicht, denn in jeder Gaststätte stehen genau die gleichen Gerichte auf der Speisenkarte. Auch beim Inder. Der Inder ist eigentlich eh ein Grieche.

»Oje, was soll ich nur essen?«, ruft meine Mutter sofort, als wir am Tisch sitzen.

»Ich nehme den Rinderbraten«, sagt mein Vater.

»Und was isst du?«, fragt mich meine Mutter. »Die Schweinemedallions?«

»Das Wildragout wäre doch auch was?«, mischt sich mein Vater ein.

»Auch wenn ich über dreißig Jahre jünger bin als ihr«, sage ich, »bedeutet das nicht, dass ich erst vier Jahre alt bin und die Speisekarte noch nicht selbst lesen kann. Denn ihr seid inzwischen schon sehr alt.«

»Du kannst auch das Schnitzel nehmen?«, schlägt mein Vater ungerührt vor.

»Ich nehme das Schnitzel«, sagt meine Mutter plötzlich.

Mein Vater und ich starren sie an.

»Das Schnitzel und nicht den Lachs?«, fragt mein Vater ungläubig.

»Du meinst, ich soll den Lachs nehmen?«

»Du kannst auch das Schnitzel haben.«

»Was ist mit dem Rinderbraten?«, fragt meine Mutter und studiert weiter die Speisekarte.

»Den nehme ich«, sagt mein Vater.

»Dann kann ich ihn ja nicht nehmen«, sagt meine Mutter.

»Willst *du* denn den Rinderbraten?«, fragt mein Vater.

»Nein, nein. Iss nur du, was du willst, *ich* bin ja egal.«

Die Bedienung kommt an unseren Tisch. »Darf's schon was zu trinken sein?«, fragt sie freundlich.

»Für mich einen Weißwein«, sagt meine Mutter.

»Für mich ein großes Bier«, verkündet mein Vater. »Und für den jungen Mann hier«, er deutet auf mich, »eine Spezi.«

»Papa«, rufe ich etwas zu laut, »ich kann selbst bestellen!«

Plötzlich ist es still in der Gaststätte. Alle Blicke ruhen auf mir.

»Äh, ich hätte gern eine Spezi«, sage ich.

»Dann kannst du nachher wieder nicht einschlafen«, mischt sich meine Mutter ein. »Eine kleine Fanta für den jungen Mann«, sagt sie zur Bedienung, die das sofort auf ihren Block schreibt. Ich ergebe mich in mein Schicksal.

»Wir wissen auch schon, was wir essen wollen«, ruft mein Vater der Bedienung hinterher, die sich schon aus dem Staub machen wollte. »Ich nehme den Rinderbraten.«

»Und ich hätte gern den Salat, bitte«, sage ich.

»Du kannst auch was Richtiges haben«, sagt meine Mutter. »Wir laden dich ein.«

»Vielleicht das Wildragout?«, schlägt mein Vater vor.

»Gibt's das auch mit Pommes oder nur mit Bratkartoffeln?«

»Das Wildragout?«, fragt die Bedienung.

»Nein, das Schnitzel natürlich«, ruft meine Mutter.

»Ich nehme den Salat«, sage ich sicherheitshalber noch mal.

»Du kannst aber auch was Richtiges haben«, sagt mein Vater.

Die Bedienung schaut verwirrt zwischen uns hin und her.

»Ich nehme den Rinderbraten mit Pommes *und* Bratkartoffeln«, sagt mein Vater.

»Haben Sie auch noch das Kinderschnitzel im Angebot?«, fragt meine Mutter die Bedienung.

»Ja, das gibt es allerdings nur für Kinder«, sagt die Bedienung.

»Er ist ja auch ein Kind!« Meine Mutter verwuschelt meine Haare. »Unser Kind.«

»Ich will das Kinderschnitzel aber gar nicht, ich bin doch Vegetarier«, sage ich, aber alle ignorieren mich.

»Also, einmal den Rinderbraten, den Lachs und das Kinderschnitzel«, liest die Bedienung vor, was sie sich aufgeschrieben hat.

»Genau«, rufen meine Mutter und mein Vater gleichzeitig. »Alles wie immer.«

36. Auto

Ich bin wieder zurück in Berlin, aber schon am nächsten Tag klingelt das Telefon. »Wir haben uns endlich mal wieder was gegönnt«, ruft meine Mutter gut gelaunt.

»Ihr wart doch erst im Urlaub.«

»Na und? Gönnst du deinen Eltern denn gar nichts?«

»Doch, doch. Was ist es denn dieses Mal?«

»Ein neues Auto.«

»Wieso das denn?«, frage ich. »Der Passat war doch noch gut.«

»Du hörst dich schon an wie dein Vater.«

»Nein, nein! Das darfst du nicht sagen«, rufe ich entsetzt. »Ich komme gar nicht nach Papa. Ich trage nie Lederslipper und gebügelte Hemden. Und meine Haare verliere ich auch noch nicht.«

»Na ja, hinten wird es langsam schon etwas kahl.«

Ich renne ins Bad und schaue mich im Spiegel an. »Das ist nur ein Wirbel ...«, rufe ich.

»Jedenfalls haben wir jetzt einen Suff gekauft,« unterbricht mich meine Mutter.

»Einen was?«

»Na, so eine Art Geländewagen. Aber nicht fürs Gelände.«

»Ach, einen SUV!«

»So einen Pfeffer Porsche.«

»Was soll denn das sein?« Ich überlege kurz, dann schlage ich mir mit der Hand gegen die Stirn. »Du meinst einen Porsche Cayenne.«

»Ja. Zuerst hatten wir überlegt, einen SEK zu kaufen.«

»Ein Sondereinsatzkommando?«

»Hä?«

»Du meinst sicher, einen Mercedes SLK«, sage ich. »Seit wann habt ihr denn überhaupt das Geld für so ein teures Auto?«

»Wir lesen ihn.«

»Du meinst leasen!«

Meine Mutter kichert leise.

»Sag mal, verarscht du mich eigentlich die ganze Zeit, Mama?«

»Er fällt immer wieder drauf rein«, ruft mein Vater von hinten ins Telefon.

»Außerdem heißt das *veräppeln*, Sebastian, bitte!«

»So riesiges Diesel-Teil wäre auch nichts für euch. Wer so etwas fährt, sagt auch: ›Klimawandel? Das haben sich doch die bösen Chinesen ausgedacht, um unserer Industrie zu schaden.‹«

»Du meinst, Trump fährt privat einen Suff…?«

»Ich glaube, Trump darf gar kein Auto fahren, weil er nie die theoretische Führerscheinprüfung bestanden hat. Aber warum habt ihr euch denn kein Elektroauto gekauft? Ihr müsst auch mal an die Umwelt denken. Und man bekommt vom Staat sogar eine Prämie.«

»Ach, das lohnt sich doch nicht«, sagt meine Mutter. »Elektroautos sind trotzdem noch viel zu teuer.«

»Elektroautos sind also wie Kinder«, sagt mein Vater. »Da bekommt man zwar auch vom Staat Geld, aber es lohnt sich meistens auch nicht. Jetzt im Vergleich zu einer Eigentumswohnung zum Beispiel.«

»Und der Wiederverkaufswert ist auch geringer«, sagt meine Mutter.

»Sehr charmant.«

»Es gibt noch etwas anderes, das wir dir unbedingt erzählen wollen, Sebastian. Wir ziehen um.«

»Nach Berlin!«, ruft mein Vater.

Ich falle in Ohnmacht.

»War nur ein Witz«, ruft mein Vater lachend. »Wir ziehen in den zweiten Stock.«

Ich stehe wieder auf. »Liebe Eltern, ihr seid so lustig. Immerhin weiß ich jetzt, woher ich das Talent für meine witzigen Bücher habe.«

»Ach, die Bücher von dir sollen lustig sein?«, fragt meine Mutter.

»Ich dachte immer, er ist einfach wahnsinnig.«

»Ihr habt also kein neues Auto gekauft?«, frage ich.

»Der Passat ist doch noch gut!«, ruft mein Vater.

»Siehst du«, sagt meine Mutter und legt auf.

37. Um Himmels Willen

»Gestern bei *Um Himmels Willen* kam raus, dass die eine Nonne schwanger ist«, sagt meine Mutter. »Es ist wirklich eine Tragödie.«

»Wovon redest du?«, frage ich. »Ich verstehe kein Wort.«

»Du lebst eben in einer anderen Filterblase als ich.«

»Wie kommst du denn jetzt darauf, Mama?«

»Du schaust keine religiösen Serien im Fernsehen, sondern bist nur noch im Internet.«

»Fernsehen ist ja auch total Achtziger-Jahre«, sage ich. »Irgendjemand schreibt mir vor, wann ich was gucken soll – das will ich nicht.«

»Was ist das Problem?«, ruft mein Vater von hinten ins Telefon. »Du sitzt doch eh den ganzen Tag zu Hause rum.«

»Ihr versteht das nicht, liebe Eltern, heutzutage ist alles immer verfügbar, und man entscheidet selbst, wann man seine Serie anschaut. Selbst ihr guckt ja jetzt *Game of Thrones* im Computer an. Deswegen wird das lineare Fernsehen auch bald aussterben.«

»Ach, Sebastian, alle normalen Leute schauen Fernsehen. Nur in deiner Blase nicht. Deswegen können wir auch kein gleichberechtigtes Gespräch mehr führen.«

»Gut, dann war's das jetzt, liebe Mutter. Unser letztes Telefonat.«

»Wieso? Wir können doch noch ungleichberechtigt reden. Es gibt ohnehin so viele Unterschiede zwischen uns.«

»Genau«, ruft mein Vater. »Wir sind zum Beispiel viel reicher als du.«

»Ich finde übrigens diese Blasentheorie Quatsch«, sage ich. »Leute, die denken, geheime Mächte und angeblich linke Medien würden die so genannte Islamisierung des so genannten Abendlandes steuern, interessieren sich einfach nicht für Fakten oder verstehen sie nicht.«

»Das sagst du nur, weil du in einer Berliner Großstadtblase lebst.«

»Ich lebe also in einer Blase, weil ich nicht verrückte Ideen von der Überlegenheit der Nationalstaaten, von Rassenunterschieden und von der Diskriminierung einer ganzen Religion diskutieren will?

Ich weiß, dass es diese Ansichten gibt, ich habe im Geschichtsunterricht hin und wieder mal aufgepasst.«

»Warum war dein Abi dann so schlecht?«, fragt mein Vater.

»Wegen Mathe und Physik«, sage ich. »1 Punkt in der Abiprüfung – in beiden Fächern zusammen.«

»In Mathe gibt's wenigstens nur richtig und falsch«, sagt mein Vater.

»Und bei dir war halt immer alles falsch«, fügt meine Mutter hinzu.

»Das passt doch gut«, sage ich. »Es gibt bestimmt Leute, die behaupten, 1+1 ist 3. Aber mit denen muss man sich ja nicht auseinandersetzen. Mein Mathelehrer hat sich auch nicht mit mir auseinandergesetzt, sondern hielt mich einfach für dumm und verrückt.«

»Kann ich ganz gut nachvollziehen«, ruft mein Vater.

»Aber irgendwie interessiert mich doch, wie die Nonne eigentlich schwanger wurde, Mama. Das dürfte doch eigentlich nicht passieren.«

»Na ja, es gab ja in der Geschichte schon einmal eine Frau, die schwanger wurde, ohne dass … du weißt schon.«

»Um Himmels willen«, sage ich.

»Genau!«, ruft meine Mutter und legt auf.

38. Autokorrektur

Ich liege im Wohnzimmer auf dem Parkett und schaue zur Decke. Dort klafft ein großes Loch, ein Überbleibsel meines Heimwerkversuchs. Wenn in der Wohnung über uns die Nachbarn rumlaufen, rieselt immer etwas Putz auf mich. Vielleicht sollte ich diese Diskokugel noch mal in Angriff nehmen, denke ich, aber dann vibriert mein Handy.

Warum bist du eigentlich nicht bei WhatsApp?, fragt meine Mutter per SMS.

Ich stelle das Handy auf lautlos, aber sofort leuchtet das Display mit einer neuen SMS auf: *Hallo? Hallo?* Gefolgt von der nächsten Nachricht: »*Ist was passiert? Geht es dir gut?*«

War das eine schöne Zeit, als meine Mutter noch nicht so schnell auf ihrem Handy tippen konnte und für jede SMS eine halbe Stunde brauchte. Aber sie hat in letzter Zeit viel geübt.

Damit sie nicht anruft, antworte ich: *WhatsApp*

*gehört zu Facebook und hat die ganzen Telefonnum-
mern auf deinem Handy weitergegeben. Damit haben
sie inzwischen zwar angeblich aufgehört, aber wahrscheinlich nur, weil sie jetzt schon jede existierende
Telefonnummer besitzen.*

Dafür kostet es nichts!, schreibt meine Mutter
sofort zurück.

*Natürlich zahlst du für WhatsApp! Und zwar mit
deinen Daten.*

Sebastian, du bist ein Klugeiser.

Autokorrektur verenden müsste man können.

Du hast verenden geschrieben.

Das tut mir Leidenschaft, schreibe ich. *Kommt
nicht mehr Vorratsdatenspeicherung. ;)*

Lollipop, schreibt meine Mutter.

Eine Viertelstunde passiert nichts, ich schaue
immer noch zur Decke auf das Loch. Leise rieselt
etwas Putz auf mein Gesicht. Dann leuchtet mein
Handy wieder auf.

*HIEr isst dein Vatermorgana. Die Tastatur ist ab-
rakadabra klein für meine Finger. FRagEEE: Soll ich
der Mamma Mia ein neues iPhone zum Geburtstag
Schnecken?*

Schnecke ihr doch ein Fairphone, antworte ich. *Das
neuste Modell soll ganz okay sein.*

Oje, ich muss ja auch noch ein Geschenk für sie
besorgen, denke ich. Aber vielleicht kann ich ihr

etwas zusammen mit meinem Bruder schenken. Der hat immer so gute Ideen.

Mein Handy klingelt. Es ist mein Vater.

»Oh, ich wollte dich gar nicht anrufen«, sagt er sofort.

»Bist du auf die falsche Taste gekommen?«

»Nein!«

Plötzlich klingelt mein Festnetztelefon. »Wart mal kurz«, sage ich, schlurfe in den Flur und nehme ab.

Eine Computerstimme sagt: »Sie haben eine SMS erhalten. Sie lautet: ›Danke, gute Idee‹.« Ich lege wieder auf.

»Papa, hast du mir eine SMS aufs Festnetztelefon geschickt?«, frage ich.

»Nein«, ruft er.

Das Festnetztelefon klingelt erneut. »Sie haben eine SMS erhalten. Sie lautet: ›Viele Grüße, dein Vater‹.«

39. Der große Bruder

Ich sitze an meinem Schreibtisch und blicke den vertrockneten Kaktus auf der Fensterbank an. Ein vertrockneter Kaktus. Das schaffe auch nur ich.

Das Telefon klingelt. Verwundert schaue ich auf das Display. Es ist gar nicht meine Mutter.

»Hallo Christian, ich wollte dich auch schon lange mal wieder anrufen«, lüge ich. »Wie geht's so?«

»Sehr, sehr gut, kleiner Bruder«, antwortet er mit seiner tiefen, sonoren Stimme. In seiner Jugend war er Schauspieler bei GZSZ und Opernsänger. »Ich komme gerade aus New York, wo ich den Marathon mit neuer Bestzeit gelaufen bin. Eine Stunde, drei Minuten. Und in der Bank wurde ich befördert und bin jetzt Head of a lot of Money.«

»Und was machen die Kinder?«, frage ich.

»Auch formidabel!«, ruft mein großer Bruder. »Prince Chris wurde eingeschult, obwohl er ja erst drei Jahre alt ist – aber er hatte den *Zauber-*

berg durchgelesen und die Herleitung des Satz des Pythagoras mit Kreide auf den Gehweg vor unserer Villa gemalt. Er kommt halt nach mir.«

Er lacht sein gewinnendes Lachen, und für einen Moment habe ich das Gefühl, dass er gleich hinzufügt: »Und nicht nach dir...«

»Die kleine Christina macht sich auch gut«, erzählt er weiter. »Sie ist zur Kita-Sprecherin gewählt worden, sie kann sich mit sieben Monaten schon besser artikulieren als alle anderen Kinder. Und bei dir, kleiner Bruder?«

»Ich schreibe an einem Buch über unsere Familie«, sage ich. »Du kommst auch darin vor.«

»Am besten, du nennst mich auch im Titel, dann wird es sicher ein Besteller.« Christian lacht wieder. »Sebastian, ich wollte dich fragen, was wir unserer Mutter zu ihrem Geburtstag nächste Woche schenken? Sie würde ja gern mal wieder nach Indien, für ein paar Wochen in den Ashram, in dem die beiden in den Siebzigern gelebt haben.«

»Du weißt das?«, frage ich erstaunt.

»Na klar, davon erzählen sie doch die ganze Zeit. Genauso wie von ihrer Kilimanjaro-Besteigung 1981 und...«

»Ah ja, jetzt erinnere ich mich wieder.« Ich habe keine Ahnung, wovon er spricht.

»Also, die Reise nach Indien. Doch das allein wäre

ja etwas wenig, deswegen habe ich gedacht, wir schenken ihr noch diesen goldenen Kronleuchter fürs Wohnzimmer dazu, den sie bei eBay gefunden hat, aber ihr zu teuer war. Willst du dich beteiligen?«

Ich schlucke. Der Vorschuss für das neue Buch ist schon lange verbraucht. Er hat genau für zwei Wochen gereicht. Ich war stolz, dass ich so lange mit hundert Euro auskam.

»Klar!«, sage ich. »Und wir sollten vielleicht noch ein Pony dazu kaufen ...«

»Gute Idee!«, ruft mein Bruder. »Ich frage mal bei meinem Gestüt in der Lüneburger Heide nach.«

»Und sie wollte auch so gern diese Diamantenkette.« Ich kann einfach nicht aufhören.

»Die hab ich ihr doch schon zum Muttertag geschenkt«, sagt Christian. »Aber die passende Brosche aus Weißgold besorge ich noch. Ich mail dir gleich meine Kontodaten. Dann kannst du mir die 7000 Euro überweisen. Mach's gut!«

»Ja, mach's gut«, sage ich. »Und grüß deine Frau.«

»Welche?«, fragt mein Bruder und legt lachend auf.

Ich hasse mein Leben.

Dann rufe ich meine Mutter an und frage sie, ob sie mir 7000 Euro leihen kann.

40. Karl

»Karl kandidiert bei der nächsten Wahl als Freiburger Oberbürgermeister«, sagt meine Mutter.

»Wer ist denn Karl?«

»Ach, Karl, den kennst du doch!«, ruft meine Mutter. »Karl ist der Stiefbruder von Helene, mit der ich zusammen auf der Schule war, damals mit Thomas und Bernhard.«

»Ach, der Karl.« Ich weiß immer noch nicht, wen meine Mutter meint.

»Karl ist ein wenig verrückt. Er hasst alle Nicht-Freiburger und ist badischer Nationalist.«

»Und was sind so seine Wahlversprechen im Oberbürgermeisterwahlkampf?«, frage ich.

»Er will eine Mauer an der Grenze zu Schwaben bauen, damit keine Stuttgarter mehr nach Freiburg ziehen.«

»Und die Schwaben sollen dafür bezahlen?«

»Na klar. Die sind doch eh so reich. Aus Krisenbundesländern wie Sachsen oder Berlin, wo viele Gefährder leben, darf niemand mehr einreisen, steht in seinem Wahlprogramm. Er nennt das den *Preußenbann*. Und die bösen Engländer sowieso nicht, das sind ja alles Bankräuber, meint Karl. Außerdem sollen sämtliche Solaranlagen in Freiburg abgebaut werden, weil das Wetter in Baden durch den Klimawandel noch besser wird und mehr zahlungskräftige Touristen kommen.«

»Das hört sich ja toll an.«

»Karl will Freiburg wieder groß machen.«

»Mama, Freiburg war nie groß! Der Wahlslogan müsste nur heißen: *Make Freiburg great!*«

»Die Wahl gewinnt er ja sowieso nicht.«

»Diesen Satz will ich nie wieder hören!«, sage ich. »Alle Wahlen, seit ich denken kann, sind immer so ausgegangen, wie ich es nicht wollte. Sogar 1998, als Rot-Grün die Wahl gewonnen hat – und ich zum ersten und letzten Mal dachte, jetzt haben die gewonnen, die ich wollte, hat sich sehr schnell rausgestellt: Nee, die will ich auch nicht.«

»So schlimm waren die doch nicht.«

»Das ist aber keine wirklich gute Idee, immer die zu wählen, die nicht so schlimm sind wie die anderen. Die SPD setzt seit Jahren genau darauf, weil sie immer sagen konnte: Die CDU ist aber schlimmer, wir sind das kleinere Übel. Jetzt sind sie auch wirklich sehr klein. Von daher ist es für die von der CDU fast ein Segen, dass es jetzt die AfD gibt, dann können sie jetzt endlich auch mal sagen: Da gibt's welche, die sind noch furchtbarer als wir, wählt lieber uns!«

»Wenn dir die ganzen Parteien nicht gefallen«, ruft mein Vater von hinten ins Telefon, »musst du halt selber Politiker werden und es besser machen.«

»Immerhin traust du mir auch mal was zu, Papa«, sage ich erstaunt.

»Du verdienst ja jetzt schon mit Blödsinn reden dein Geld«, sagt mein Vater, »da wärst du in der Politik genau richtig.«

»Aber er verdient doch gar kein Geld«, sagt meine Mutter.

»Danke, liebe Eltern. Ihr schafft es immer wieder, mit nur zwei Sätzen mein ganzes Leben in Frage zu stellen.«

»Was für ein Leben?«, fragt mein Vater.

»Ich hatte mir jedenfalls wirklich überlegt, in die Politik zu gehen. Irgendwas muss man ja gegen die Rechten machen.«

»Und in welche Partei willst du eintreten, Sebastian?«

»Ich hatte mir überlegt eine neue Partei zu gründen«, sage ich. »Die *AfdAfD – Die Alternative für die Alternative für Deutschland*. Zuerst dachte ich, das ist zu lang, aber in Deutschland waren ja auch schon früher Parteien mit langen Abkürzungen sehr erfolgreich. Das Wahlprogramm soll einfach aus dem Programm der AfD bestehen, und bei jeder Forderung fügen wir ein NICHT ein. Zum Beispiel: *Deutschland NICHT den Deutschen*. Oder: *Grenzen sind NICHT gut*. Oder: *Den Genderwahnsinn NICHT beenden*. Aber ich mache mir da nicht viel Hoffnung.«

»Wieso?«, fragt meine Mutter.

»Die Leute wählen immer lieber jemanden wie diesen Karl, der vermeintlich einfache Antworten auf die Probleme einer immer komplizierteren Welt hat.«

»Die Welt ist gar nicht komplizierter als früher«, sagt meine Mutter, »die Leute sind heute nur viel dümmer.«

»Das ist ja mal eine weise Aussage.«

»Wir würden dich jedenfalls in den Bundestag wählen«, ruft mein Vater.

»Wirklich? Das ist aber nett.«

»Dann hättest du wenigstens mal einen richtigen Job!«

41. Berühmt

»Ich wurde erkannt!«, rufe ich.

»Wie, erkannt?«, fragt meine Mutter. »Dich kennt doch niemand.«

»Doch, ich wurde auf der Straße erkannt! Ein Mann hat zu mir gesagt: Du bist doch Sebastian Lehmann.«

»Es gibt viele Sebastian Lehmann in Deutschland.«

»Ja, ja, aber ich bin der einzige *berühmte* Sebastian Lehmann.«

Meine Mutter muss lachen.

»Da brauchst du nicht lachen, ich wurde wirklich erkannt. Von einem Taxifahrer.«

»Hast du wieder einen Unfall gebaut?«

»Nein, ich habe noch nie einen Unfall gebaut! Jedenfalls keinen, bei dem Menschen zu Schaden kamen. Oder schlimm zu Schaden kamen. Egal. Ich bin einfach so an einem Taxistand vorbeigelaufen, und der Mann hat zu mir gesagt: Hallo, du bist doch Sebastian Lehmann, oder?«

»Woher kannte der dich denn?«, fragt meine Mutter. »Aus dem Fernsehen?«

»Nee.«

»Stimmt, guckt ja auch niemand Offener Kanal Lausitz ...«

»Danke, liebe Mutter, sehr einfühlsam mal wieder.«

»Kannte er dich denn dann von deinen Geschichten, die im Radio laufen?«

»Nee.«

»Von deinen Büchern?«

»Nein, jetzt nicht direkt.«

»Von deinen Auftritten?«

»Er kannte mich halt!«

»Von deiner Lesebühne?«

»Ach, wir haben zusammen Philosophie studiert.«

»Toll, Sebastian! Immerhin hat er es zu was gebracht.«

»Er ist Taxifahrer!«

»Ich dachte immer, Philosophie zu studieren wäre dafür die Ausbildung.«

»Haha«, mache ich. »Du wärst doch auch stolz, wenn man dich auf der Straße erkennen würde.«

»Wie soll denn das gehen?«, fragt meine Mutter.

»Na, wenn jemand sagen würde: ›Sie sind doch die Mutter des berühmten Autors Sebastian Lehmann.‹«

»Das ist ja auch schon mal vorgekommen«, sagt meine Mutter.

»Wirklich? Und was hast du geantwortet?«

»Ich habe gesagt: ›Sie müssen mich da mit jemandem verwechseln.‹«

»Das ist ja gemein, Mama.«

»Er hat's eh nicht geglaubt.«

»Wieso? Wer war's denn?«

»Dein Vater.«

42. Miete

»Wir haben uns überlegt, jetzt noch schnell eine Wohnung in Berlin zu kaufen«, sagt meine Mutter.

»Wieso denn das?«, frage ich verwirrt. »Seit wann seid ihr so reich?«

»In Berlin sind doch die Kommunisten an der Macht, habe ich gelesen. Und da wird es bestimmt bald schwierig für Investoren wie uns...«

»Seit wann seht ihr euch denn als Investoren? Außerdem sind hier nicht die Kommunisten an der Macht. Ich glaube, bei der letzten Wahl kamen die DKP und MLPD zusammen auf circa 0,0000000001 Prozent.«

»Aber Rot-Rot-Grün?«, raunt meine Mutter.

»Da kann ich euch beruhigen, als die beiden roten Parteien das letzte Mal zusammen in Berlin regierten, haben sie genug städtische Wohnungen verkauft.«

»Für die Linken ist wohnen doch ein Grundrecht,

oder?«, fragt meine Mutter besorgt. »Und die Grünen waren früher alle Hausbesetzer.«

»Den Grünen geht es inzwischen eher um energetische, nachhaltige, ökologische und transzendental eingepegelte Neubauten aus homöopathischem Kristallstein. Gern als Mehrgenerationenhaus für Alt-68er und Neuschwaben im Prenzlauer Berg. Seit wann habt ihr überhaupt so viel Geld, eine Wohnung zu kaufen?«

»Dein Onkel Bill ist gestorben, es ist ein Jammer.«

»Der reiche Onkel Bill aus Amerika? Ich dachte immer, das habt ihr mir damals als Kind nur so erzählt.«

»Nee, das waren jetzt ausnahmsweise keine Fake News.«

»Eigentlich haben wir schon eine Wohnung in Berlin gekauft«, ruft mein Vater von hinten ins Telefon.

»Und wo?«

»Ganz in der Nähe, wo du wohnst«, sagt meine Mutter.

»Jetzt erzähl's ihm halt!«

»Wir haben *deine* Wohnung gekauft.«

»Das ist ja cool«, rufe ich. »Dann muss ich gar keine Miete mehr bezahlen.«

»Na ja ... so einfach ist es nicht«, sagt meine Mutter. »Unsere Investition muss sich ja zumindest mittelfristig lohnen, und deswegen ...«

»Ihr wollt von eurem eigenen Sohn Miete nehmen?«, unterbreche ich sie.

»Genau genommen«, ruft mein Vater, »müssten wir deine Miete leicht anpassen. Das heißt, sie verdoppelt sich.«

»Das dürft ihr doch gar nicht einfach so!«

»Wir sanieren natürlich alles und nehmen einige bauliche Veränderungen vor«, sagt mein Vater.

»Wir bauen eine moderne Wärmedämmung ein, weisen praktische Kinderwagenparkplätze aus, und im Erdgeschoss soll es Gemeinschaftshundehütten geben«, doziert meine Mutter.

»Ich habe keinen Hund und keine Kinder.«

»Das wird ja eh mal Zeit mit den Kindern ...«

»Mama!«

»Und einen Aufzug bauen wir auch ein«, ergänzt mein Vater.

»Ich wohne im ersten Stock«, sage ich.

»Na, du wirst ja aber auch nicht jünger«, meint meine Mutter.

»Ihr wisst schon, wovon ich meine Miete bezahle?«, unterbreche ich sie.

Meine Eltern schweigen lange.

»Von unserer Unterstützung?«, fragt meine Mutter dann leise.

»Ich würde mal sagen, dass ihr die auch schleunigst verdoppelt!«, sage ich und lege schnell auf.

43. Krank

Ich rufe meine Mutter an. »Geht's dir gut? Bist du krank?«, ruft sie sofort.

»Ist ja gut«, sage ich. »Warum bist du denn gleich wieder so panisch?«

»Sebastian, *du* hast *uns* angerufen, das machst du sonst nie.«

»Mama, ich rufe euch ständig an und erzähle euch von meinem aufregenden Boheme-Leben in Berlin.«

»Du meinst, dass du den halben Tag verschläfst, dann eine Geschichte über uns schreibst und abends in irgendeiner Kreuzberger Kneipe versackst?«

»Das hast du jetzt sehr negativ ausgedrückt. So könnte man ja den Eindruck bekommen, ich wäre ein erfolgloser Nichtsnutz.«

Meine Mutter schweigt.

»Immerhin schätzt er sich richtig ein«, ruft mein Vater von hinten ins Telefon.

»Seid nicht so gemein zu mir«, sage ich, »ich bin nämlich wirklich krank.«

»Also doch!«, ruft meine Mutter entsetzt. »Ich wusste schon bei deiner Geburt, dass du zu schwach für diese Welt bist. Dein Bruder war ja im Gegensatz zu dir stark und widerstandsfähig.«

»Jetzt übertreib mal nicht. Ich habe nur leichte Halsschmerzen.«

»Oh Gott, Sebastian. Das hört sich ja schrecklich an! Bestimmt gibt es dafür auch ein gutes Hausmittel, ich kann mal nachschauen…«

»Mama, weil du immer so panisch bist, bin ich auch total der Hypochonder geworden. Heute Nacht dachte ich, ich hätte Kehlkopfkrebs und müsste sterben.«

»Endlich bekommen wir die halbe Millionen von deiner Lebensversicherung«, ruft mein Vater.

»Du stirbst?«, ruft meine Mutter. »Ich komme sofort nach Berlin!«

»Nein, Mama, ich sterbe nicht. Jedenfalls nicht sofort.«

»Zum Glück! Ich wollte ja heute noch zum Friseur«, sagt meine Mutter.

»Stimmt, es gibt ja noch Wichtigeres als die eigenen Kinder.«

»Genau! Aber beim Arzt warst du?«

»Soll ich dem Arzt dann sagen: Herr Doktor, ich

habe leichte Halsschmerzen und befürchte, es handelt sich um unheilbaren Kehlkopfkrebs?«

»Denk an Opa Frieder. Der ist auch nie zum Arzt gegangen.«

»Wieso, Opa Frieder geht's doch blendend mit seinen 91. Der ist doch gar nicht krank.«

»Ich mein ja nur. Aber Onkel Heiner hat es ja wirklich erwischt.«

»Heiner ist nicht im Krankenhaus, weil er krank war, sondern weil die Kette von Papas Kettensäge lose war und ihm...«

»Das war ein Unfall«, unterbricht mich meine Mutter.

»Leider hatte Heiner keine Lebensversicherung«, sagt mein Vater.

»Außerdem ist doch heute Abend die große Jubiläums-Show von meiner Lesebühne. Da darf ich nicht krank sein und fehlen.«

»Was ist heute Abend?«

»Mama, diese Lesereihe in Berlin, bei der ich schon von Anfang an dabei bin. Ich bin da total wichtig.«

»Dein Vater sagt auch immer, er habe genauso viel Anteil daran, dass es euch Kinder gibt. Aber außer im richtigen Moment ein bisschen Spaß gehabt zu haben, hat er nicht viel dazu beigetragen.«

»Aufhören!«, rufe ich entsetzt.

»Ich mein ja nur.«

»Was?«

»Nur weil man zufällig bei einem Ursprung von etwas dabei war, heißt das noch lange nicht, dass man wichtig ist.«

»Wollen wir lieber wieder über meinen Kehlkopf-krebs sprechen?«, unterbreche ich sie.

»Ich muss jetzt zum Friseur«, sagt meine Mutter und legt auf.

44. Bastilein

Ich scrolle durch meinen Feed. Ah, schon wieder! Warum macht sie das immer? In diesem Moment klingelt mein Telefon.

»Hallo Mama«, sage ich. »Könntest du bitte aufhören, auf Instagram immer Kinderfotos von mir zu posten.«

»Ich bin halt stolz auf dich«, sagt meine Mutter.

»Vielleicht solltest du dann andere Hashtags als *#Erfolglos* und *#meinSohnisteinVerlierer* benutzen.«

»Ach, das sieht doch eh niemand ...«

»Dir ist schon klar, dass Instagram die Fotos für alle Ewigkeiten speichert. Und wenn ich mal noch berühmter werde und mich jemand im Internet sucht, findet er ein Babyfoto von mir mit dem Hashtag *#volleWindel*.«

»Du wirst doch eh nicht berühmt«, ruft mein Vater von hinten ins Telefon.

»Er wurde aber schon auf der Straße erkannt!«, verteidigt mich meine Mutter.

»Genau! Und außerdem wurde jetzt mein Roman veröffentlicht«, sage ich. »Er heißt *Parallel leben*. Habt ihr den überhaupt schon gelesen?«

»Den Namen kann sich ja niemand merken« sagt mein Vater. »Wie war das? *Im Quadrat sterben*?«

»Oje, so wird das doch nichts«, sagt meine Mutter. »Wenn du wirklich mal Erfolg haben willst, solltest du vielleicht eher etwas mit einem sprechenden Tier schreiben oder wenigstens einen Ratgeber.«

»Aber er kennt sich ja mit nichts aus«, ruft mein Vater.

»Philosophie kann er doch«, sagt meine Mutter. »Oder Bastilein?«

»Du kannst mich ruhig Sebastian nennen.«

»Ist dir das peinlich?«

»Ja, das ist mir sehr peinlich.«

»Übrigens gab's heute dein Lieblingsgericht. Habe ich auch schon fotografiert und gepostet. *#BastileinsLieblingsessen*.«

»Doof nur, dass ich nicht in Freiburg bin und deswegen nicht in den Genuss deiner Kochkünste kommen kann.«

»Hühnchen mit Pommes.«

»Was ist damit?«

»Das ist doch dein Lieblingsgericht ...«

»Na ja, vor dreißig Jahren war das vielleicht mal mein Lieblingsgericht. Aber mein Geschmack hat sich inzwischen ein wenig geändert. Außerdem — ich wiederhole mich ungern, doch augenscheinlich ignorierst du es weiterhin — esse ich seit mehreren Jahren keine toten Tiere mehr.«

»Ach je! Vielleicht bist du deswegen immer krank. Bekommst du da in Berlin überhaupt genug zu essen?«

»Ja, auch hier gibt es Supermärkte und Lebensmittelläden mit einem reichhaltigen und ausgewogenen Gemüsesortiment, zu denen ich gehen kann. Allerdings nur, wenn die Trümmerfrauen den ganzen Schutt von der Straße weggeschafft haben.«

»Ich mache mir halt nur Gedanken, Bastilein.«

»Ich weiß. Und das geht meistens schief. Ich bin jedenfalls wieder gesund und esse genug.«

»Aber auf deine Linie musst du trotzdem achten! Mit achtunddreißig kann man nicht mehr einfach alles essen!«

»Ich bin sechsunddreißig.«

»Ach wirklich? Sieht man gar nicht.« Sie räuspert sich. »Und denke daran, Bastilein: Esse immer genug, aber nicht zu viel.«

Ich lege auf. Dann bemerke ich Katharina, die neben mir steht.

»Hast du etwa mitgehört?«, frage ich misstrauisch.

»Nein, nein«, sagt sie grinsend. »Würde ich nie machen… Bastilein.«

45. Die Verbindung wird gehalten

»Gut, dass du anrufst«, sage ich, als sich meine Mutter meldet. »Ich wollte dich nämlich fragen, ob...«

»Warte kurz«, unterbricht sie mich. »Der Akku von dem blöden schnurlosen Telefon ist leer. Ich muss mal das andere suchen.«

»Warum hast du mich dann überhaupt mit diesem Telefon angerufen...«

Ihre Verbindung wird gehalten. Ihre Verbindung wird gehalten.

»Das ist jetzt nicht dein Ernst.«

Ihre Verbindung wird gehalten. Ihre Verbindung wird gehalten.

Ihre Verbindung wird... »Hallo Sebastian, bist du noch da?«

»Wo soll ich schon hingehen?«

»Stimmt, du hast ja keine Arbeit.«

»Nur weil ich nicht jeden Morgen in ein Büro

fahre, sondern zu Hause arbeite, heißt das nicht, dass ich keinen Job habe.«

»Lass mich mal überlegen«, sagt meine Mutter. »Doch!«

»Ich kommentiere das gar nicht mehr«, kommentiere ich. »Also, was ich dich fragen wollte: Ich suche ein Geschenk für Papas Geburtstag, und du weißt doch sonst immer ...«

Took. Took. Took.

»Was ist denn das?«, ruft meine Mutter.

»Na, da klopft jemand bei dir an. Aber bitte geh jetzt da nicht ran ...«

Ihre Verbindung wird gehalten. Ihre Verbindung wird gehalten.

Fünfzehn Minuten später:

Ihre Verbindung ... »Das war dein Bruder«, sagt meine Mutter. »Dem geht's gut.«

»Und was war sonst noch?«, frage ich.

»Nichts, dem geht's gut.«

»Deswegen hast du mich gerade fünfzehn Minuten in der Warteschleife hängen lassen? Warum rufst du denn überhaupt an, wenn du gar nicht mit mir telefonieren willst?«

»Es ist immer schön, deine Stimme zu hören.« Sie hält inne. Ich höre leises Klappern.

»Mama, was machst du da nebenher?«

»Äh ... nichts.«

»Surfst du etwa im Internet?«

»Ja, Entschuldigung, aber ich biete bei eBay um eine Kuchenform mit und ...«

»Mama! Jetzt hör mal auf! Ich wollt dich fragen, ob du eine Idee hast, was ich Papa zum Geburtstag schenken könnte. Das ist immer so schwer, er hat einfach schon alles, was er braucht.«

»Äh, ja, er wollte so gern dieses DVD-Boxset: *Wetten, dass – Die Thomas-Gottschalk-Jahre.*«

Oh, wie furchtbar, denke ich. »Das ist doch eine gute Idee«, sage ich. »Das kauf ich.«

»Warte mal, Sebastian. Ich hab das irgendwie gerade eben schon deinem Bruder gesagt. Und der schenkt ihm das jetzt. Zusammen mit einem neuen Flachbildfernseher.«

»Ich habe zuerst angerufen! Das ist doch blöd, was soll ich denn jetzt Papa ...«

»Du willst mit deinem Vater sprechen?«

»Nein! Hör mir doch mal zu und surf nicht auf eBay rum. Fällt dir denn noch was anderes ein für Papa ...«

»Dann stell ich dich zu deinem Vater in den ersten Stock durch.«

»Nein, Mama, nicht durchstellen, das klappt doch nie!«

Ihre Verbindung wird gehalten. Ihre Verbindung wird gehalten.

»Hallo, bist du noch da?«

Ihre Verbindung wird gehalten. Ihre Verbindung wird gehalten.

Zehn Minuten später:

Ihre Verbindung... »Hallo Sohn«, sagt mein Vater. »Ich muss jetzt los, ich ruf dich später zurück. Tschüss.«

Er legt auf.

46. Punkte

»Christian, ich wollte dich fragen, ob ...«

»Mein Name ist Sebastian«, unterbreche ich meine Mutter. »Mein Bruder, dein erstgeborener Sohn, heißt Christian. Das solltest du doch eigentlich wissen, denn unter anderem warst es auch du, die uns diese exotischen Namen gegeben hat.«

»Meine ich ja, Chri... äh, Sebastian.«

»Immer verwechselst du unsere Namen. Nach über dreißig Jahren solltest du doch den Unterschied zwischen uns kennen. Ich nenne dich ja auch nicht Papa.«

»Das wäre ja auch total verrückt!«

»Ich meine als Vergleich, weil du ...«

»Du nennst mich ja auch immer nur Mutter. Weißt du überhaupt wie ich mit Vornamen heiße?«

»Äh ...«, sage ich. »Meine ...?«

»Auch Mütter haben einen Vornamen, Sebastian. Wir sind nicht nur eine Funktion.«

»Sebastian Mutter?«, frage ich.

»Das ist wirklich sehr traurig, Chribastian.«

»War doch nur ein Witz, Mutter. Warum hast du denn jetzt eigentlich angerufen?«

»Ich habe 9.900 Punkte gesammelt.«

»In Flensburg?«

»Der Witz hat aber schon einen langen Mario-Bart«, ruft mein Vater von hinten ins Telefon.

»Playback-Punkte im Supermarkt«, unterbricht uns meine Mutter.

»Das heißt Payback«, sage ich.

»Ist doch alles der gleiche Scheiß!«, ruft meine Mutter.

»Da hast du einen Punkt!«

»Nein, 9.900 Punkte habe ich. Und bei zehntausend bekomme ich eine Kuchenform.«

»Du hast doch schon mindestens zehn Kuchenformen.«

»Ja, aber ich kriege die umsonst, Christian.«

»Sebastian …!«

»Nein, Mama, hier.«

»Immerhin nennt sie dich nicht Waldi nach unserem ersten Hund«, ruft mein Vater.

»Immerhin nennt sie mich nicht Stefan wie du«, sage ich.

»Jedenfalls fahren ich und Waldi …, äh, Papa, morgen früh für drei Wochen nach Indien und kommen erst nächsten Monat zurück, und dann« – sie macht eine theatralische Pause – »verfallen die Punkte. Alle!«

»Und was habe ich damit zu tun?«, frage ich.

»Ich schick dir die Karte, und du musst irgendwas für zehn Euro im Supermarkt kaufen, damit ich die 10 000 Punkte voll bekomme.«

»Ich könnte eine Kuchenform kaufen?«, schlage ich vor. »Die ist sogar billiger als zehn Euro.«

»Nein, nein! Verstehst du das nicht? Du hast doch Abitur. Es müssen zehn Euro sein, sonst bekommst du keine 100 Punkte.«

»Aber eine Kuchenform hättest du trotzdem.«

»Christian, verwirre mich bitte nicht.«

»Ruf doch deinen anderen Sohn Sebastian an«, sage ich. »Vielleicht kann der was kaufen.«

»Aber ... ich dachte, dass du ...«, stammelt meine Mutter verwirrt.

»Nee, Mama, ich bin Christian. Ruf Sebastian an, der macht das für dich.«

»Na gut, wenn *du* mir nicht helfen willst. Sebastian war schon immer der bessere Sohn.«

»Ja, finde ich auch«, sage ich und lege auf.

47. Farbenblind

»Wir haben gestern deinen Auftritt im Fernsehen gesehen«, sagt meine Mutter. »Auch wenn es schwierig war, den Offenen Kanal Niederlausitz hier in Südbaden zu empfangen.«

»Und?«, frage ich.

»Ja, war peinlich.«

»Wie schön, dass du so ehrlich bist.«

»Dein Hemd war ganz verknittert. Das hättest du ruhig mal fürs Fernsehen bügeln können.«

»Das war ein Jeanshemd!«

»Und das soll zerknittert sein?«, fragt meine Mutter. »Ist das der abgeranzte Berlin-Bitch-Look?«

»Der was? Willst du auch noch eine Bügelfalte in meine Hose bügeln?«

»Aber du trägst doch nur Jeans.«

»Genau. Und so wie in eine Jeans*hose* keine Bügelfalte reinkommt, muss ein Jeans*hemd* auch nicht gebügelt werden.«

»Meine Jeanshemden sind immer gebügelt«, ruft mein Vater von hinten ins Telefon.

»Papa, du bist jetzt nicht gerade mein Vorbild in Sachen Fashion.«

Mein Vater trägt eigentlich meistens hellblaue Hemden, die meinem Jeanshemd gar nicht so unähnlich sind. Allerdings steckt er sie immer in seine beigen Stoffhosen, die fast als Chinos durchgehen könnten. Dazu trägt er am liebsten braune Lederslipper mit seltsamen Bommeln vorne drauf. Unbesockt selbstverständlich. Eigentlich ist mein Vater voll der Hipster.

»Warum ziehst du nicht mal dein schwarzes Jackett an, das du im *Ochsen* in Freiburg getragen hast?«, fragt meine Mutter. »Damit sahst du richtig fesch aus.«

»Fesch?«, frage ich.

»Halt nicht wie zwölf«, ruft mein Vater.

»Das Jackett ist übrigens dunkelblau«, sage ich.

»Nee, das ist schwarz.«

»Mama, ich habe dieses Jackett selbst gekauft, und ich bin absolut sicher, dass es dunkelblau ist.«

»Nein.«

»Mutter!«

»Ach, du bist ja farbenblind. So wie dein Vater.«

»Wir haben eine Rot-Grün-Schwäche«, sage ich. »Blau und Schwarz können wir sehr wohl unterscheiden.« Dann erinnere ich mich, wie mein Vater kürzlich dieses lila Hemd gekauft hat, weil er dachte, es wäre marineblau.

»Schon als Kind hast du immer die Buntstifte verwechselt und im Ausmalbuch das Rotkäppchen grün angemalt«, sagt meine Mutter. »Das passiert dir bestimmt immer noch.«

»Ich male inzwischen nur noch sehr selten Märchenfiguren aus«, sage ich.

»Gib ihr einfach recht«, ruft mein Vater.

Meine Mutter schweigt ein paar Sekunden beleidigt, dann hält sie es nicht mehr aus und wechselt das Thema: »Ich lese ja gerade ein wirklich gutes Buch, vielleicht interessiert dich das auch, Sebastian? Es heißt *Darm mit Charme*.«

»Ernsthaft? Lies doch mal richtige Literatur!«

»Wieso? Das ist doch ein interessantes Thema, Verdauung.«

»Genau, das geht jeden was an«, stimmt mein Vater zu. »Ich hatte ja auch diese Darmspiegelung ...«

»Ihr habt einen Schriftsteller als Sohn«, unterbreche ich ihn, »und dann lest ihr so was.«

»Schriftsteller sein wollen und mit zerknitterten Hemden rumlaufen«, ruft meine Mutter. »Zieh lieber mal das schwarze Jackett an, dann wirst du auch mal ernst genommen.«

»Ich werde ernst genommen!«

Meine Eltern müssen lachen. Und legen auf.

Ich gehe zu meinem Kleiderschrank, nehme das Jackett heraus und ziehe es an.

Katharina kommt ins Zimmer und schaut mich kurz an. »Das schwarze Jackett passt gut zu dem rosa Hemd, Bastilein«, sagt sie dann.

Scheiße, denke ich, das Hemd muss ich zurückbringen. Ist doch nicht weiß.

48. Biomarkt

Mein Handy klingelt. »Jetzt ist es ungünstig«, sage ich und stecke mir mein Headset in die Ohren. »Ich stehe an der Kasse an.«

»Brauchst du wieder Geld?«, fragt meine Mutter.

»Was? Nein!«

»Weil du an der Kasse stehst und mich angerufen hast.«

»*Du* hast mich angerufen. Hast du das schon wieder vergessen?«

»Nie rufst du uns an, Sebastian, das macht mich wirklich traurig. Denkst du überhaupt mal an deine alten Eltern?«

»Ich denke ständig an euch. Ich schreibe sogar ein Buch über euch.«

»Was, wirklich?«

»Na ja, ich versuche es. Da gibt's ja nichts groß zu erzählen.«

»Wir erleben auch interessante Dinge!«

»Die Beerdigung von Großtante Hilde?«

»Ja, das war eine tolle Beerdigung, Hilde hat wirklich an nichts gespart«, sagt meine Mutter, »Riesige Blumenkränze, goldener Sarg, ein Symphonieorchester, das Bach gespielt hat. War sehr kurzweilig.«

»Du bist ja kalt«, sage ich.

»Tante Hilde war kälter.«

»Lol.«

»Yodo«, sagt meine Mutter.

»Das heißt Yolo. You only live once.«

»Ich meine ja auch: You only die once. War der Wahlspruch von Tante Hilde.«

»Ich muss jetzt aufhören«, sage ich. »Der Kassierer wartet schon.«

»Na toll! Dann hättest du halt nicht angerufen.«

»Gehört der laktosefreie Ziegenjoghurt auch zu Ihnen?«, fragt der Kassierer.

»Wo bist du denn?«, ruft meine Mutter dazwischen.

»Im Biomarkt.«

»Kaufst du jetzt auch nur noch Bio?«, fragt meine Mutter. »Wie alle?«

»Das stimmt doch nicht! Die Leute kaufen immer noch hauptsächlich beim Discounter.«

»Genau«, sagt der Kassierer.

»Im Biomarkt ist ja alles auch so teuer«, sagt meine Mutter.

»Dafür schmeckt es wenigstens!«

»Genau«, sagt der Kassierer.

»Hat dir mein Essen früher etwa nicht geschmeckt?«

»Natürlich, Mama, das meine ich doch nicht. Aber Bioobst und Biogemüse sind schon besser.«

»Aber wir essen doch gar kein Obst und Gemüse«, ruft mein Vater von hinten ins Telefon.

»Bei Lidl gibt's auch Bio«, sagt meine Mutter. »Das ist sogar doppelt Bio, deswegen heißt es *Bio Bio*.«

»Greenwashing«, sagt der Kassierer.

»Wer redet da denn immer dazwischen?«, fragt meine Mutter.

»Sie«, sagt der Kassierer. »Ich mache hier nur meinen Job.«

»Früher gab's auch kein Bio, aber es war trotzdem nicht alles schlecht«, ruft mein Vater.

»Und die Autobahnen hat er auch gebaut«, sage ich.

Der Kassierer lacht. »Sind Sie Comedian?«, fragt er mich.

»Also, ich würde mich eher als humoristischen Autor bezeichnen ...«

»Hallo! Wir sind auch noch da!«, rufen meine Eltern.

»Ist ja gut. Jedenfalls hat Bio viele Vorteile. Du kommst doch vom Land, Mama. Ihr habt euch damals die Eier und die Milch direkt vom Bauern geholt. Heute gibt es nur noch Großbetriebe, in denen Tiere ›produziert‹ werden und ausschließlich der Profit zählt.«

»Ja, das stimmt«, gibt meine Mutter zu.

»Und im Biomarkt ist es zwar nicht so wie früher, aber immerhin besser als im Discounter, wo alles nur möglichst billig sein muss und sowohl Bauern als auch Angestellte fast kein Geld verdienen.«

»Wollen Sie bei uns in der Marketingabteilung arbeiten?«, fragt der Kassierer.

»Danke für das Angebot, aber ich schreibe gerade an einem Buch über meine Eltern.«

»Da gibt es sicher viel zu erzählen«, sagt der Kassierer.

»Siehst du, Sebastian!«, sagt meine Mutter.

Der Kassierer hat alle Waren eingescannt. »Das macht 32 Euro 50«, sagt er.

»So gut kann das gar nicht schmecken«, ruft mein Vater.

Ich schaue meine Einkäufe an. Eine Zucchini, Äpfel. Joghurt.

»Yolo!« Ich gebe dem Kassierer meine Kreditkarte.

»Mama, ich bräuchte vielleicht doch mal wieder etwas Geld«, sage ich dann, aber meine Mutter hat schon aufgelegt.

49. Gesprächsthemen

Ich schaue meinem neuen Staubsaugerroboter zu, wie er durch die Wohnung fährt. Es entspannt mich einfach, anderen bei der Arbeit zuzusehen. Das Staubsaugermodell heißt tatsächlich *Mama*. Der Slogan des Herstellers lautet: »Sauber wie bei Muttern«. Es gibt in der gleichen Reihe auch einen selbst fahrenden Rasenmäher namens »Papa« und eine Kaffeemaschine »Praktikant«.

Das Telefon klingelt.

»Haben wir nicht erst gestern telefoniert?«, frage ich, als sich meine Mutter meldet.

»Das ist aber keine nette Begrüßung«, beschwert sie sich.

»Na ja, wir haben doch schon über alles Erdenkliche gesprochen. Gibt einfach nichts Neues, das ich zu erzählen hätte. Selbst das Wetter ist noch das gleiche wie gestern.«

»Stimmt gar nicht«, ruft mein Vater von hinten

ins Telefon. »Gestern hatte es nur Nieselregen, heute regnet es normal.«

»Bitte nicht über das Wetter reden«, rufe ich. »Und auch nicht über eure Verdauung.«

»Aber bei meiner Darmspiegelung ...«

»Nein, nicht schon wieder!«

»In dem Buch über Verdauung, von dem wir dir erzählt haben, steht auch, dass ...«

»Wie hieß das Buch noch mal?«, frage ich. »*Nices Scheißen*?«

»Sebastian, bitte! Das ist ja wirklich ganz untere Schublade«, ruft meine Mutter. »Ich dachte, du willst kein Comedian sein. Außerdem gibt es doch so viele andere Themen, über die wir uns unterhalten können.«

»Mh, lass mich mal überlegen, wie wär's mit dem Nahostkonflikt? Oder die Metaphysik von Aristoteles? Oder warum Papa das Auto zu Schrott gefahren hat nach der letzten Weihnachtsfeier?«

»Oder warum du nichts Anständiges gelernt hast«, ruft mein Vater.

»Darüber haben wir wirklich schon sehr oft gesprochen«, sage ich.

»Na und, geholfen hat's ja nichts!«

»Wie deine Darmspiegelung!«

»Jetzt hast aber du wieder damit angefangen«, sagt meine Mutter.

»Wir können ja über Geld reden. Ich bräuchte mal wieder etwas Unterstützung ...«

»Nein, nicht schon wieder!«, rufen meine Eltern.

»Nur so 500 Euro, am besten in kleinen Scheinen ...«

Meine Eltern legen auf.

»Das war einfach«, sage ich erstaunt.

Ich gehe in die Küche, um mir von »Praktikant« einen Kaffee machen zu lassen. Aber er streikt. Hätte ich ihm vielleicht doch Mindestlohn zahlen sollen.

50. Status Quo

»Wir haben dir ja erzählt, dass wir bei uns im Haus in den zweiten Stock ziehen«, sagt meine Mutter. »Und deswegen wird unsere alte Wohnung im Erdgeschoss frei.«

»Ja, und?«, frage ich.

»Wir haben uns gedacht... du könntest da ja vielleicht einziehen.«

»Ich habe damit nichts zu tun«, ruft mein Vater von hinten ins Telefon.

»Dein Vater will im ersten Stock lieber seine Modelleisenbahn aufbauen.«

»Er besitzt doch gar keine Modelleisenbahn.«

»Ich würde sogar anfangen, mit einer Eisenbahn zu spielen, damit du nicht einziehst«, sagt mein Vater.

»Die Miete wäre auch günstig, wir wissen ja inzwischen, wie du sie bezahlst«, sagt meine Mutter.

»Ich will doch gar nicht nach Freiburg ziehen, schließlich arbeite ich in Berlin.«

»Na ja«, sagt meine Mutter.

»Wie *na ja*?«

»Deine komischen Geschichten könntest du auch hier schreiben...«

»Sollen wir dann trotzdem jeden Tag telefonieren, obwohl ich unter euch wohne? Papa hat recht. Warum sollte ich wieder zurück nach Freiburg ziehen? Berlin hat so viele Vorteile. Wenn ich hier mittags um zwölf dem Paketboten im Schlafanzug die Tür öffne, denkt er sich nichts dabei, sondern ist froh, dass ich im Gegensatz zu seinem vorigen Kunden überhaupt irgendwas anhabe außer lila Netzstrümpfen. In Freiburg würden alle denken, ich sei faul, hier bin ich einfach entspannt.«

»Der Paketbote ist aus anderen Gründen ja nicht so gut auf dich zu sprechen«, sagt meine Mutter.

»Upps«, kichert mein Vater.

»In Berlin ist ja auch alles so dreckig, und niemand hat einen Job«, sagt meine Mutter.

»Da passt er doch gut hin...«, ruft mein Vater.

»Und hier in Südbaden ist das Wetter viel schöner«, lässt meine Mutter nicht locker.

»Ja, ich weiß! In Berlin kann man dafür auch noch nach 22 Uhr ein Bier trinken gehen...«

»Die Frage ist nur, wie das Bier schmeckt«, ruft mein Vater. »Ist doch alles Plörre, was es da oben gibt.«

»Auch in Berlin gibt es Rothaus, Papa.«

»In den Gaststätten draußen sitzen kann man aber nie«, schaltet sich meine Mutter wieder ein, »weil es immer so kalt ist in Berlin.«

»Mir macht eher die soziale Kälte Sorgen, gerade in Süddeutschland«, wende ich ein. »Es zählt doch nur *Schaffe, schaffe, Häusle baue* ...«

»Das sind aber die anderen, die Schwaben!«, rufen meine Eltern empört.

»Ja, ja, ich würde trotzdem ungern auf die reiche Kulturlandschaft in Berlin verzichten. Die ganzen Theater, die Kunstgalerien, die internationalen Festivals, Lesungen jeden Abend, Konzerte ...«

»Konzerte gibt's auch in Freiburg!«

»Ich interessiere mich jetzt nicht so für Queen-Coverbands.«

»Die waren gut!«, ruft mein Vater von hinten ins Telefon. Er klatscht den Takt von »We will rock you«. Oder so etwas Ähnliches.

»Letztens waren auch Status Quo in der Stadthalle«, sagt meine Mutter.

»Die passen vom Namen her gut nach Freiburg«, sage ich. »Hat sich ja nichts verändert, seit ich vor fünfzehn Jahren weggezogen bin.«

»Doch!«, ruft mein Vater. »Die Straßenbahnlinie 4 fährt jetzt im Acht-Minuten-Takt und nicht mehr nur alle neun Minuten.«

»Du immer mit deinem Berlin«, sagt meine Mutter. »Man kann auch in anderen Regionen in Deutschland Spaß haben.«

»Das klingt ja wie: Man kann auch ohne Alkohol Spaß haben.«

»Nee«, ruft mein Vater.

»Trinkst du etwa Alkohol, Bastilein?«, ruft meine Mutter.

»Nein, nur Fanta. Und manchmal eine Spezi, aber nicht abends, sonst kann ich nicht einschlafen.«

»Ich habe gehört, dass in Berlin so viele Leute ... äh ... Dings rauchen«, sagt meine Mutter. »Wie heißt das? Heroin ...?«

»Du meinst Marihuana? Das ist doch auch nicht gefährlicher als Alkohol.«

»Ich trinke ja auch keinen Alkohol, nur Bier und Wein«, ruft mein Vater. »Das haben wir hier schon immer so gemacht.«

»Es ändert sich wirklich nichts am Status Quo«, sage ich. »Außerdem sind in Freiburg doch alle so unfreundlich, habt ihr behauptet.«

»Im Vergleich zu Berlin ist das noch human«, sagt meine Mutter. »Und wir zeigen unseren Menschenhass nicht so, wir lästern lieber hintenrum. In Berlin wird man dagegen einfach so angeschrien.«

»Im Theater ist das Kunst«, sage ich.

»Wann warst du denn das letzte Mal im Theater?«

»Das ist doch jetzt egal, Mama.«

»Und in einer Galerie?«

»Ich war schon mal in einer Galerie«, sage ich, »da gab es umsonst Sekt und Häppchen. Aber es geht ums Prinzip. Solange die Möglichkeit besteht, sofort ins Theater oder zu einer Ausstellung gehen zu können, muss ich das ja nicht unbedingt auch machen. Ich wohne in einer der spannendsten Städte der Welt, da kann ich doch erst mal in Ruhe die neue Serie zu Ende schauen.«

Es klingelt an der Tür. »Ich muss aufhören«, sage ich. »Der Paketbote kommt, und ich will mir noch meine Netzstrümpfe ausziehen.«

51. Politisch

Heute ist wieder Putztag. Ich habe schon den Staubsaugerroboter durch die Wohnung fahren lassen, die dreckige Wäsche in die Waschmaschine gesteckt und ein Drittel Bad geputzt. Jetzt will ich abstauben. Ich stehe vor meinem Bücherregal, und mein Blick fällt auf Albert Camus' *Der Mensch in der Revolte.* Auch noch ungelesen. Irgendwann habe ich es mal in Freiburg gefunden, es stand im Regal meiner Eltern versteckt hinter verschiedenen Ratgebern zum Thema Verdauung. Überrascht stelle ich fest, dass auf der ersten Seite eine Widmung an meine Mutter steht. Von einem gewissen Pierre. Von dem habe ich ja noch nie gehört. Daneben hat jemand etwas gemalt, das aussieht wie ein RAF-Logo.

Neben Camus steht die Schrift *Was ist Metaphysik?* von Martin Heidegger. Das hatte ich mal für ein Philosophieseminar an der Uni lesen müssen. Das Seminar ging über das Nichts. Wegen solcher Themen konnte ich meinen Eltern nie erklären, warum man Philosophie studieren sollte. »Und was hast du heute an der Uni gelernt?«, hatten sie mich damals gefragt. »Nichts«, hatte ich geantwortet. »War total interessant.«

Ich puste die Staubschicht vom Einband, setze mich an meinen Schreibtisch und blättere ein wenig in Heideggers Buch. Ich kam anscheinend damals nur bis Seite 37. Dort habe ich den Satz angestrichen: »Das Nichts selbst nichtet«. Über diesen Satz meditiere ich eine Weile, bis ich mit dem Kopf auf dem Schreibtisch einschlafe.

Ich wache auf, als das Telefon klingelt.

»Sebastian, was machst du eigentlich?«, fragt meine Mutter.

»Allgemein oder konkret?«, frage ich. »Im Moment liege ich mit meiner Stirn auf der kühlen Schreibtischplatte und denke darüber nach, wie lange ich die Wäsche noch in der Waschmaschine lassen kann, bevor sie anfängt zu stinken.«

»Ja, eben, das ist das Problem mit dir.«

»Dass ich Wäsche aufhängen hasse? Das wäre ja schön, wenn das mein einziges Problem wäre, aber ich muss auch noch das Bad weiterputzen, den Staubsaugerroboter ausleeren, mein Buch zu Ende schreiben, mit euch telefonieren…«

»Nein, das Problem mit dir ist, dass du deine

kostbare Jugend vergeudest!«, ruft mein Vater von hinten ins Telefon.

»Meine Jugend ist längst vorbei«, sage ich. »Inzwischen vergeude ich schon mein Erwachsenenleben. Das kennt ihr vielleicht auch, liebe Eltern.«

»Stimmt, statt ein zweites Kind zu kriegen, hätten wir damals lieber in Tokio bleiben oder eine Weltreise machen sollen«, verkündet meine Mutter.

»Wann wart ihr denn in Tokio?«

»Ach, dein Vater wurde doch als Botschafter dort hinberufen.«

Ich starre das Telefon an.

»Mama, vera… ich meine, veräppelst du mich da gerade?«

»Das würde ich doch nie machen!« Sie räuspert sich. »Sebastian, was ich eigentlich meine: Du hast weder eine Weltreise gemacht noch Kinder.«

»Ich war letztes Wochenende in Spandau, zählt das auch als Reise?«

»Mach doch mal was Politisches!«, unterbricht uns mein Vater. »Die Jugend von heute ist so angepasst. Wir waren früher jede Woche mindestens auf einer Demo oder einem Sit-in.«

»Sit-in klingt eigentlich ganz entspannt, das würde ich auch machen«, sage ich.

»Du hast doch behauptet, du wolltest deine eigene Partei gründen, Bastilein?«, fragt meine Mutter. »Oder war das wieder nur eins deiner Hirnge-spinste?«

»Die Demokratie und unsere Freiheit sind be-droht«, ruft mein Vater. »Und was macht ihr Jun-gen? Fidget Spinnen!«

»Ihr habt ja recht, aber das liegt am langweiligen Deutschland. Gegen wen soll man denn hier auf die Straße gehen, selbst die verrücktesten deutschen Politiker sind im internationalen Vergleich nur noch halb so schlimm.«

»Was ist mit Alexander Gauland?«, fragt mein Vater.

»Der sieht aus wie mein Erdkundelehrer damals in der fünften Klasse. Und genau wie der benutzt der Gauland auch noch Karten und Atlanten aus den Vierziger-Jahren.«

»Es muss wieder mehr Revolte und Protest ge-ben!«, ruft mein Vater. »Man kann doch nicht hin-nehmen, dass jetzt die Rechten wieder die Mei-nungshoheit übernehmen.«

»Was ist denn mit dir los, Papa? Ich dachte, in deinem Alter ist man nicht mehr links. ›Wer mit über 40 noch Sozialist ist, hat keinen Verstand‹, heißt es doch so schön.«

»Ich bin ja auch nicht links«, ruft mein Vater. »Ich wähle die SPD.«

»Ich dachte, die Linke ...«

»Psst!«, macht meine Mutter.

»Wie ist es eigentlich bei dir, Mama? Warst du früher vielleicht auch... wie soll ich sagen, linke Sympathisantin?«

»Das ist alles lange her. Ich hatte mal einen französischen Freund, der war...« Sie hält inne.

»Ja?«

»Sebastian, das erzähl ich dir ein anderes Mal. Jetzt musst du wirklich mal deine Wäsche aufhängen!«

Ich stöhne auf. »Na gut.« Wir verabschieden uns, und ich gehe ins Badezimmer und rieche an der Wäsche. Dann mache ich die Maschine wieder an.

52. Verlaufen

Ich beobachte, wie der Staubsaugerroboter seit mindestens fünf Minuten in der Ecke zwischen Wohnzimmertür und Wand festhängt. Er dreht sich einfach immer um sich selbst. Wahrscheinlich dauert
es noch ein paar Jahre, bis die Maschinen die Weltherrschaft übernehmen.

Das Telefon klingelt. »Wir haben uns verlaufen«,
ruft meine Mutter sofort. »Wir waren gerade in der
neuen griechischen Gaststätte essen.«

»Der Rinderbraten war gut!«, ruft mein Vater von
hinten ins Telefon.

»Der Lachs auch. Aber jetzt irren wir schon eine
Stunde hier rum.« Sie klingt ernsthaft verzweifelt.

»Liebe Eltern, ihr wohnt seit eurer Geburt in
Freiburg, da verläuft man sich doch nicht mehr!«

»Kannst du mal im Internet schauen, wie wir hier
wegkommen?«, fragt meine Mutter.

»Das ist ganz einfach. Ihr lauft einfach immer

weiter in dieselbe Richtung, irgendwann seid ihr aus Freiburg weg. Hat bei mir auch geklappt.«

»Nein, wir wollen doch nach Hause, Sebastian!«

»Wo seid ihr denn?«

»Haha«, macht meine Mutter. »Jetzt ist nicht die Zeit für Witze, Sohn.«

»Na gut. Was siehst du gerade?«

»Einen mittelgroßen älteren Mann mit Glatze.«

»Das ist Papa. Benutz doch einfach dein Smartphone, da ist Google Maps drauf.«

»Und die Google-Leute wissen, wo wir sind?«

»Die wissen alles, Mama.«

»Google ist also wie dein Vater«, sagt meine Mutter hämisch. »Der weiß auch immer alles – und dann verlaufen wir uns doch.«

»Ich habe mich nicht verlaufen«, ruft mein Vater von hinten ins Telefon. »Ich weiß nur gerade nicht, wo ich bin.«

»Wenn das so weitergeht, rufe ich ein Taxi, das uns nach Hause fährt«, sagt meine Mutter.

»Nein, auf keinen Fall! Das ist rausgeschmissenes Geld!«, ruft mein Vater. Ich glaube, er ist noch nie in seinem Leben Taxi gefahren, für so einen »Luxus« würde er nie Geld ausgeben. Außer einmal, da habe ich bezahlt. Allerdings war das ja dann letztlich auch sein Geld.

»Jetzt streitet euch nicht«, sage ich. »Guckt

einfach auf Google, wie ihr nach Hause kommt. Okay?«

Ich höre, wie meine Mutter nickt und dann auflegt.

Fünf Minuten später klingelt mein Telefon erneut.

»Was gibt's denn noch? Seid ihr jetzt auf dem Weg nach Hause?«

»Nein! Google weiß nämlich gar nicht, wo wir wohnen.«

Das ist ja eigentlich ganz beruhigend. »Mama, hast du etwa ›Nach Hause‹ eingetippt?«

Stille.

»Nein«, ruft sie und legt wieder auf.

Ich stehe auf, befreie den Staubsaugerroboter und setze ihn ein paar Meter entfernt auf den Fußboden. Er fährt sofort wieder zurück in die Ecke und dreht sich weiter um sich selbst. Das Telefon klingelt erneut. »Vorsicht! MUTTER« steht auf dem Display. Ich lasse es einfach klingeln.

53. Freiheit

»Der Hansi ist gestorben«, sagt meine Mutter.

»Das ist ja wahnsinnig traurig. Wann denn?«

»Heute Morgen lag er starr auf dem Käfigboden. Aus einem Auge kam sogar schon eine Made und...«

»Too much information«, unterbreche ich sie.

»Was?«

»So genau wollte ich es nicht wissen. Hattet ihr das noch nicht im Englisch-Kurs?«

»Shut up, Sebäschtian«, sagt meine Mutter. »Immerhin ist Hansi der erste unserer Wellensittiche, der eines natürlichen Todes gestorben ist. Seinen Vorgänger Alf hast du ja damals freigelassen.«

»Ich war eben schon mit fünf Jahren ein freiheitsliebender Mensch.«

»Die Freiheit ist Alf aber nicht besonders bekommen«, sagt meine Mutter. »Die Nachbarkatze hat nicht gerade viel von ihm übrig gelassen. Irgendwann habe ich seinen angenagten Kopf im Garten gefunden.«

»Schon wieder zu viele Informationen!«, rufe ich entsetzt. »Ist übrigens eine interessante Drehung, dass eine Katze Alf isst und nicht andersrum. Aber das waren ja schon wieder Fake News. Ihr hattet mir doch erzählt, Alf sei zurück zu seinem Heimatplaneten Melmac geflogen.«

»Noch ein Beispiel dafür, dass du nicht gerade das intelligenteste Kind warst«, ruft mein Vater von hinten ins Telefon. »Man hätte also schon gewarnt sein können – dass es keine gute Idee ist, dir ein Studium zu finanzieren.«

»Sehr nett mal wieder, lieber Vater. Ich bin trotzdem immer noch davon überzeugt, dass die Freiheit ein hohes Gut ist, das es zu verteidigen gilt. Selbst wenn manchen die Freiheit nicht gut bekommt.«

»Willst du Bundespräsident werden mit deinem ganzen Freiheitsgerede?«, fragt mein Vater. »So einen hatten wir schon.«

»Ich meine Freiheit nicht im Sinne von Gauck und der FDP, die Freiheit der Wirtschaft, also frei von Verantwortung. Sondern eher wie im Existenzialismus: Der Mensch besitzt die Freiheit, sich zu entscheiden und etwas aus sich zu machen.«

»Ich habe ja früher auch viel Jean-Paul Sartre und Albert Camus gelesen«, sagt meine Mutter.

»Ja, ich hab da auch ein Camus-Buch von dir gefunden ...«

»Ich war Ende der Sechziger in Paris. Das war eine tolle Zeit. Ich saß den ganzen Tag in den Cafés in St. Germain.«

»Vielleicht saß ja damals Sartre im gleichen Café wie du«, sage ich fasziniert.

»Ach, die meiste Zeit saß so ein kleiner untersetzter Mann mit dicker Brille neben mir, der ununterbrochen rauchte.«

»Aber das war ja wirklich Sartre!«

»Nee, das war dein Vater. Mit dem war ich doch in Paris.«

»Geht's um mich?«, ruft mein Vater von hinten.

»Ich dachte, ihr habt euch erst Anfang der Siebziger-Jahre kennengelernt?«

»Oh, äh ... dann war das wohl noch Pierre, mit dem ich vor deinem Vater zusammen war.«

»Das erklärt auch die Widmung in dem Camus-Buch.«

»Pierre war ziemlich radikal. Er wurde ständig festgenommen, wenn er sich mal wieder mit der Polizei angelegt hatte. Leider war er nicht besonders gut aussehend, sonst hatten wir aber ziemlich viel Spaß, du verstehst schon, Sebastian, ein Franzose eben, wir haben ganz schön verrückte Sachen gemacht ...«

»Mama! Aufhören!«

»Too much information?«, fragt meine Mutter.

»Wollen wir lieber wieder über Wellensittiche reden?«

»Dem Alf ging es im Käfig jedenfalls besser, als so einfach in die Freiheit der Existenz geworfen zu werden.«

»So hat er wenigstens am Ende seines Lebens ein wenig die Freiheit spüren können.«

»Dein Vater ist ja auch sehr freiheitsliebend«, sagt meine Mutter. »Das hat der Hansi zu spüren bekommen ...«

»Ist ja gut jetzt«, unterbricht sie mein Vater.

»Papa, ist der Hansi etwa doch nicht eines natürlichen Todes gestorben?«

Mein Vater brummt etwas Unverständliches.

»Hast du ihn etwa freigelassen?«

»Er war schon alt und wäre sicher auch so bald gestorben«, sagt mein Vater. »So konnte er wenigstens noch ein wenig rumfliegen.«

»Das ist ja total niedlich!«

»Fand die Nachbarkatze auch«, sagt meine Mutter.

»Ich nehme mir jetzt die Freiheit, diesen Anruf zu beenden«, brummt mein Vater und legt auf.

54. Sport

»Ähm...«, sagt meine Mutter, als ich ans Telefon gehe.

»Was ist denn?«, frage ich.

»Jetzt habe ich ganz vergessen, warum ich dich anrufen wollte.«

»Seit wann brauchst du dafür einen Grund?«, frage ich. »Auch wenn es heute einen gibt...«

»Irgendwas war, weswegen ich unbedingt mit dir sprechen musste.«

»Ist was mit Papa?«

»Oh, dein Vater hat sich ein Ehh-Bike gekauft.«

»Ihh.«

»Was ist denn daran eklig?«

»Mama, es heißt *Ihh*-Bike. Das ist Englisch.«

»Sag ich ja: Bike. Verkehrsmittel hatten wir schon im Kurs.«

»Man muss gar nicht mehr treten«, ruft mein Vater von hinten ins Telefon.

»So ist das aber nicht gedacht, Papa. Der elektrische Motor soll nur eine Unterstützung sein, man muss schon noch was machen.«

»Wir haben dich auch lange genug unterstützt – und sonst hast du nichts gemacht.«

»Habt ihr mich nur angerufen, um mich zu beleidigen?«

»Nee, nicht nur«, sagt meine Mutter. »Da war noch was anderes!«

»Wenn es dir nicht mehr einfällt, können wir dann wann anders telefonieren? Ich wollte jetzt langsam mal los. Joggen.«

»Du machst Sport, Sebastian?«

»Ja, und?«

»Früher warst du nicht ganz so gut in Sport.«

»Wieso? Bei den Bundesjugendspielen habe ich doch immer eine Urkunde bekommen.«

»Teilnehmer…«, sagt meine Mutter. »Wir haben dir damals verschwiegen, dass es auch eine Siegerurkunde gab.«

»Was?«, rufe ich entsetzt. »Anscheinend gab's in meiner Kindheit mehr Fake News als heute im Internet.«

»Ein Siegertyp warst du eben noch nie«, ruft mein Vater von hinten ins Telefon. »Dein Bruder dagegen…«

»Ich will es gar nicht wissen!«

»Sport und Spiele waren noch nie was für dich«, sagt mein Vater. »Du warst in anderen Sachen gut...«

»Aha, an was denkst du denn da?«

»Äh...«, sagt mein Vater.

»Joggen ist jedenfalls die richtige Sportart für dich«, sagt meine Mutter. »Damit gefährdest du niemanden. Außer dich selbst halt.«

»Oder vielleicht lieber Federball?«, schlägt mein Vater vor. »Ist auch nicht so gefährlich.«

»Schach?«, fragt meine Mutter.

»Oder Radfahren. Ich könnte dir mein Ehh-Bike leihen.«

»Liebe Eltern, ich laufe nächsten Monat einen Halbmarathon, ich bin gut trainiert.«

»Da gibt's bestimmt Teilnehmerurkunden«, sagt meine Mutter. »Wir sind auch stolz auf dich, wenn du kein Sieger bist.«

»Na ja«, brummt mein Vater.

»Mir reicht's jetzt«, sage ich. »Ich lege auf.«

»Nein, da war doch noch was, warum ich mit dir sprechen musste«, ruft meine Mutter.

»Ich gebe dir einen Tipp: Heute ist ein besonderer Tag.«

»Oh, jetzt weiß ich es«, sagt meine Mutter. »Alles Gute zum Geburtstag!«

»Ist schon ein Päckchen für dich unterwegs«, sagt mein Vater.

»Bitte nicht!«

»Wir haben dieses Jahr die Gummibärchen weggelassen. Weil du ja denkst, da ist Schwein drin. Und dir stattdessen Gummifrösche reingelegt. Und ein bisschen Geld.«

»Oh, das ist aber nett.«

»Fünf Euro«, sagt mein Vater.

»Ihr schickt mir fünf Euro zum Geburtstag? Da war ja das Porto schon teurer.«

»Sei nicht so undankbar, Sohn. In deinem Alter stand ich schon mitten im Leben, war verheiratet und hatte drei Kinder.«

»Zwei!«, sagt meine Mutter.

»Wirklich?«, fragt mein Vater. »Kam mir immer mehr vor.«

»Ich habe auch immer das Gefühl, dass ich mehr Eltern habe als nur euch – so oft wie ihr mich anruft.«

»Und meine alte Axt habe ich dir auch gleich mitgeschickt«, sagt mein Vater. »Die kannst du sicher gut gebrauchen.«

»Super, damit gefährde ich bestimmt niemanden«, sage ich, aber meine Eltern haben schon aufgelegt.

55. No-go-Area

»Hallo Mama, wie geht's dir?«

»Ach, gar nicht gut.«

»Wieso das denn? Ihr habt doch alles, was ihr braucht: eine hohe Rente, ein Haus mit Garten und vor allem einen erfolgreichen und kreativen Sohn, der für sich selber sorgen kann.«

»Ja, aber dann haben wir ja noch dich«, sagt meine Mutter.

»Ich kann auch selber für mich sorgen!«

»Es geht mir schon schlecht genug, da musst du nicht auch noch zynisch werden.«

»Was ist denn so schlimm?«

»Gestern wurde bei Schmidts gegenüber eingebrochen. Jetzt mache ich mir noch mehr Sorgen.«

»Und das nachdem die bösen Engländer die Sparkasse überfallen haben«, werfe ich ein.

»Es waren doch keine Engländer, kam jetzt bei den Ermittlungen raus«, sagt meine Mutter. »Sondern Iren. Die Augenzeugen meinten, diese Rothaarigen sähen doch alle gleich aus. Freiburg wird immer gefährlicher.«

»Was haben sie denn bei Schmidts geklaut?«

»Den Fernseher. Aber die sind gut versichert und bekommen jetzt das neueste Modell.«

»Eine Win-win-Situation«, sage ich.

»Na ja, eigentlich ist der Rainer Schmidt selbst eingebrochen, nachdem der Fernseher kaputt gegangen ist, damit die Versicherung zahlt.«

»Dann brauchst du dir ja wirklich keine Sorgen machen. Baden-Württemberg ist eins der sichersten Bundesländer in Deutschland.«

»Da habe ich aber etwas anderes im Internet gelesen ...«

»Glaub nicht alles, was im Internet steht, das sind üble Gerüchte!«, sage ich. »Deswegen schreibe ich jetzt auch Kommentare.«

»So ist das Leben also, wenn man keinen Job hat ...«

»Ihr wolltet doch, dass ich mal was Politisches mache«, sage ich. »Und ständig behaupten die Leute im Internet, dass Berlin nur noch aus No-go-Areas besteht. Angeblich wegen der Ausländer. So ein Quatsch, das kann ich nicht stehen lassen. Berlin ist doch nicht die Bronx in den Achtziger-Jahren. Es gibt immer weniger Straftaten, nur Versicherungsbetrug nimmt zu, habe ich gehört... Deutschland ist total sicher. Auch Freiburg. Und in Berlin kann man wirklich überall gefahrlos rumlaufen. Außer vielleicht als Afrikaner in Marzahn...«

»Die Rechten sind ja gar nicht mehr für Argumente empfänglich«, sagt meine Mutter. »Bringt doch nichts, mit denen zu diskutieren.«

»Ich rede ja auch noch mit dir...«

»Das war jetzt aber gemein, Sebastian.«

»Jedenfalls muss man gegen diese falschen Behauptungen vorgehen. In Neukölln wird man angeblich auf der Straße sofort ausgeraubt. Von wem denn? Von New Yorker Hipstern auf Koks? Oder von schwäbischen Schülern auf Klassenfahrt?«

»Wenn es da so viele Schwaben gibt, würde ich aber als Badnerin auch nicht hingehen«, sagt meine Mutter. »Für mich ist Stuttgart ebenfalls eine No-go-Area.«

»Und für mich der Prenzlauer Berg.«

Wir lachen zusammen.

»Dein Vater und ich haben uns übrigens überlegt, dass wir dich wieder mal in Berlin besuchen kommen«, sagt meine Mutter dann.

»Davon würde ich dringend abraten«, rufe ich schnell, »ich habe im Internet gelesen, dass es hier viel zu gefährlich ist!«

56. Sparen

»Gute Nachrichten, Sebastian«, sagt meine Mutter. »Ich hab dein altes Sparbuch gefunden. Du hast es wohl damals versteckt.«

»Da kann ich mich gar nicht mehr dran erinnern. Wo war es denn?«

»Vergraben im Vorgarten. Neben der Tanne, die dein Vater gestern gefällt hat.«

»Warum habt ihr denn auch noch die schöne Tanne gefällt?«

»Mehr Licht.«

»Ich hoffe, keiner von euch liegt auf dem Sterbebett?«

»Wieso denn das?«

»Kleiner Germanistenwitz«, sage ich. »Für irgendwas müssen die neunzehn Semester ja gut gewesen sein.«

»Jedenfalls ist die Tanne dann auf das Dach von Schmidts gegenüber geknallt.«

»Die sind ja zum Glück gut versichert«, sage ich.
»Was ist denn jetzt mit dem Sparbuch? Ich könnte gerade etwas Geld gebrauchen.«

»Wer hätte das gedacht…«

»Ja, ja. Wie viel ist denn drauf?«

»Sieben D-Mark.«

»Toll, Mama!«

»Ursprünglich waren zehn Mark auf dem Konto. Du hast aber 1994 drei Mark abgehoben, um dir ein *Lustiges Taschenbuch* zu kaufen. Da sieht man halt schon die Prioritäten, die dein Leben bestimmen sollten: Dir ist Spaß wichtiger als Sparsamkeit.«

»Die Banken spekulieren mit dem Geld doch eh nur an der Börse.«

»Mit sieben Mark?«

»Ich will eben kein korruptes Finanzsystem unterstützen!«

»Aber man bekommt doch Zinsen von der Bank«, sagt meine Mutter.

»Aha, wie viel Zinsen hab ich denn für die sieben Mark in den letzten fünfundzwanzig Jahren bekommen? Bin ich jetzt Millionär?«

»Deswegen rufe ich ja an.«

»Was, echt? Ich bekomme doch Geld?«

»Na ja, ich war gestern auf der Bank, um dein Konto aufzulösen und die sieben Mark mit Zinsen abzuholen«, sagt meine Mutter. »Aber mit Kontoführungsgebühren und Kapitalertragssteuer schuldest du der Bank jetzt 93 Euro 10.«

»Vielen Dank, liebe Mutter!«

»Überweist du mir das Geld? Ich musste es dir erst mal ausgelegen.«

»Habe ich eine Wahl?«, frage ich, aber meine Mutter hat schon aufgelegt.

Ich lese ein wenig im *Lustigen Taschenbuch*, das ich mir gestern gekauft habe, es geht wie immer darum, dass Donald Geld braucht und Onkel Dagobert es ihm nicht geben will. Story of my life. Dann schaue ich doch mal nach, wie hoch die Kontoführungsgebühren bei meiner Bank sind. Eigentlich fällt das auf einem Sparkonto wohl gar nicht an, lese ich auf deren Homepage. Und die Kapitalertragssteuern können auch nicht so hoch sein.

Ich rufe meine Mutter noch mal an. »Das stimmt doch alles gar nicht mit dem Geld«, sage ich.

»Hihi«, macht meine Mutter. »Du glaubst aber auch alles.«

»Kannst du mir trotzdem die 3 Euro 50 überweisen?«, frage ich. »Ich brauche wirklich dringend Geld.«

57. Fiktiv

»Und Sebastian, bist du jetzt mit deinem neuen Buch fertig?«, fragt meine Mutter.

»Fast«, sage ich. »Noch ein paar Änderungen hier und da. Aber ich bin zuversichtlich, dass es Ende des Jahres erscheinen kann.«

»Du bist wie der Berliner Flughafen«, ruft mein Vater von hinten ins Telefon. »Du wirst nie fertig.«

»Mein Roman ist doch fertig geworden!«

»In Berlin sind halt alle so faul wie du«, lässt meine Mutter nicht locker. »Ist ja nicht nur der Flughafen, den sie nicht zu Ende gebaut bekommen, sondern auch die Spreephilharmonie und diesen Bahnhof, Berlin 22, oder wie der heißt.«

»Die Spreephilharmonie ist inzwischen fertig«, sage ich. Übrigens hat mir der Verlag schon einen Cover-Entwurf für das neue Buch gemailt.«

»Manchmal bewundere ich dich schon«, meint mein Vater.

»Wirklich?«, frage ich misstrauisch.

»Dass du trotz der ganzen Rückschläge nicht aufgibst.«

»Wie sieht denn das Cover aus?«, fragt meine Mutter.

»Sehr gut! Ein Foto von mir ist vorne drauf.«

»Aber dann kauft es doch niemand«, ruft mein Vater.

»Du warst ja auch bei deinem letzten Buch auf dem Titel, und es war ein Flop«, meint meine Mutter.

»Immer noch tiefer in die Wunde rein.«

»Man muss Wunden immer gut desinfizieren!«

»Sollen wir dir ein Foto von uns schicken?«, fragt mein Vater. »Dann kann das der Verlag nehmen. Ist ja immerhin auch ein Buch über uns.«

»Ich dachte, ihr wollt nicht in die Öffentlichkeit?«

»Was für eine Öffentlichkeit?«, fragt mein Vater. »Ist doch ein Buch von dir.«

»Oder nimm irgendwas Schönes, was die Leute gern anschauen …«, schlägt meine Mutter vor. »Ein Bild von einem Hundewelpen. Oder ein niedliches Känguru.«

»Oder ein Stück Schwarzwälder Schinken!«, ruft mein Vater.

»Oder ein Foto von deinem Bruder«, sagt meine Mutter. »Er war ja schon immer der hübsche Sohn.«

»Könnt ihr vielleicht mal aufhören? Jetzt habe ich überhaupt keine Lust mehr, an dem Buch weiterzuschreiben.«

»Du musst wirklich mal was zu Ende machen«, sagt mein Vater. »Das ist wie als Kind, erst wolltest du Blockflöte lernen, dann doch lieber Posaune.«

»Ich wollte nie Posaune spielen! Opa hat mich gezwungen, weil in seiner Blaskapelle der Posaunist Gicht bekommen hat und sie dann nicht mehr die *Wacht am Rhein* spielen konnten.«

»Und Judo hast du auch nach zwei Wochen wieder abgebrochen und wolltest lieber zum Ballett. Aber da hast du auch nicht lange durchgehalten.«

»Ihr hattet mir auch erzählt, Ballett wäre ein Ballspiel.«

»Steht das auch in deinem neuen Buch?«, fragt meine Mutter. »Ich finde das gar nicht gut, wenn du immer alles über uns ausplauderst.«

»Neulich hast du dich noch beschwert, dass ich nicht über euer Leben schreibe. Außerdem sind die Eltern in meinen Texten natürlich nicht ihr, ich denke mir alles aus, das ist fiktiv. Euer wirkliches Leben wäre ja auch wirklich viel zu langweilig ...«

»Da waren aber schon Sachen dabei, die ich wirklich gesagt habe! Zum Beispiel, als du als Kind einmal ...«

Drei Minuten Dialog fehlen.

»Nee, das war zu peinlich«, sage ich. »Das habe ich wieder rausgenommen.«

»Sebastian, wir wollen das nicht, unser Privatleben geht niemanden etwas an!«

»Liebe Mutter, ich bin Schriftsteller, ich schreibe fiktive Literatur. Nur ganz selten orientiere ich mich ein klein wenig an der Realität.«

»Das ist doch keine Literatur!«, brummt mein Vater.

»Ich kann dich immer noch gut hören«, rufe ich zurück. »So wie du mich. Liegt daran, dass das Telefon auf Lautsprecher gestellt ist.

»Ich kann dich nicht hören.«

»Offensichtlich schon.«

»Ich habe nichts gesagt...«

Ich schüttle den Kopf.

»Da brauchst du gar nicht mit dem Kopf zu schütteln«, ruft mein Vater.

»Was sind das übrigens für Geräusche?«, mischt sich meine Mutter wieder ein.

»Ach, nichts.«

»Das hört sich irgendwie wie eine Tastatur an.«

»Er schreibt mit!«, ruft mein Vater.

»Könnt ihr bitte etwas langsamer reden, ich kann nicht so schnell tippen.«

»Wir wollen Prozente!«, ruft mein Vater. »Zwanzig Prozent pro Witz, den du von mir klaust. Der Flughafenwitz war zum Beispiel ziemlich gut.«

»Siehst du, das kannst nicht du sein, das würde mein echter Vater nie verlangen. Der ist nämlich Antikapitalist.«

»Das hättest du gern!«, ruft mein Vater.

»Jetzt verwirrt ihr mich«, sage meine Mutter.

»Fiktiv, na klar!«, grummelt mein Vater.

»Ich bin wirklich sehr enttäuscht von dir, Basti-lein«, sagt meine Mutter. »Du würdest sogar deine Eltern für einen guten Text verkaufen.«

»So gut ist der Text doch gar nicht«, sage ich.

»Und so viel Geld bekommst er dafür auch nicht«, ruft mein Vater.

»Genau«, sage ich und lege auf.

58. Nach Hause

Morgen fahre ich nach Freiburg zu meinen Eltern. Wie jedes Jahr an Weihnachten. Allerdings habe ich immer noch kein Geschenk für sie. Christian hat mir geschrieben, dass er unseren Eltern eine Ferienwohnung am Lago Maggiore schenkt. Dieses Mal könne ich mich aber nicht beteiligen, er warte immer noch auf meinen 7000-Euro-Anteil für das Geburtstagsgeschenk unserer Mutter.

Ich sitze an meinem Schreibtisch vor einem leeren Blatt Papier. Daneben liegen einige Buntstifte.

Meine Freundin betritt mein Zimmer.

»Willst du ein Bild malen, oder was?«, fragt sie.

»Meine Eltern freuen sich immer über kreative Geschenke«, sage ich.

Sie schaut mich skeptisch an. »Und was willst du malen? Einen Regenbogen vielleicht?«

»Keine schlechte Idee ...«

In diesem Moment klingelt das Telefon. Meine

Freundin schüttelt den Kopf und geht wieder zurück ins Wohnzimmer.

»Hallo mein Lieber«, ruft meine Mutter gut gelaunt. »Schön, dass ich dich erreiche.«

»Wunderschön«, sage ich. »Wir telefonieren ja so selten. Das sollten wir dringend ändern.«

»Ja, das finde ich auch! Wie geht es dir denn, mein lieber Sohn?«

»Ähm, gut. Ich sitze zu Hause und am Schreibtisch und äh ... arbeite und so.«

»Sehr gut. Irgendjemand muss ja Geld verdienen.« Sie lacht. »Es freut mich, dass du trotzdem noch Zeit für deine Mutter hast.«

Ich schaue verwundert mein Telefon an. »Natürlich, Mama.«

»Du bist ja immer so beschäftigt. Aber das ist eben der Preis, wenn man so erfolgreich ist wie du.«

»Was ist denn jetzt los?«, frage ich.

»Darf ich mich nicht freuen, mit meinem Sohn zu sprechen?«

»Hast du dich verwählt, Mama? Ich bin nicht Christian, sondern Sebastian.«

»Oh«, sagt meine Mutter. »Ich weiß.«

»Na klar, Mama. Was gibt's denn?«

»Äh, ich wollte dich fragen ... äh ...« Sie überlegt etwa zwei Minuten lang. »Ich wollte dich fragen, wann du morgen in Freiburg am Bahnhof ankommst?«

»Um 17 Uhr«, sage ich. »Könnt ihr mich mit dem Auto abholen?«

»Freiburg hat so ein gutes Straßenbahnnetz«, sagt meine Mutter. »Die Linie 4 fährt ja jetzt im Acht-Minuten-Takt, da bist du ganz schnell bei uns!«

»Christian würdest du bestimmt abholen!«

»Aber er kommt ja leider nicht«, sagt meine Mutter traurig.

»Ja, da seht ihr mal. Ich bin der nette Sohn, der an Weihnachten seine alten Eltern in der Heimat besucht.«

»Christian muss ja so viel arbeiten. Das kannst *du* dir natürlich nicht vorstellen. Selbst an Weihnachten muss er in die Bank. Er ist ja jetzt der Kopf von ganz viel Geld. Aber er hat bestimmt wieder ein tolles Geschenk für uns.«

»Ja, bestimmt«, sage ich und schaue das leere Blatt Papier vor mir auf dem Tisch an. Ich beginne ein wenig zu malen.

»Dein Bruder ist immer so großzügig«, ruft mein Vater von hinten ins Telefon. »Teuer sind sie, seine Geschenke.«

»Meine Geschenke kommen dafür von Herzen.«

»Ja, eben. Das ist ja das Problem«, brummt mein Vater.

Vielleicht sollte ich meinen Eltern einfach Geld schenken, überlege ich.

»Oh, jetzt klopft es an«, ruft meine Mutter. »Vielleicht ist das ja Christian.«

»Ja, geh ruhig ran, wenn dir mein Bruder wichtiger ist als ich.«

Ihre Verbindung wird gehalten. Ihre Verbindung wird gehalten. Ihre Verbindung wird ...

Ich lege auf und betrachte das Bild. Gar nicht so schlecht. Ich gehe ins Wohnzimmer und gebe es meiner Freundin.

»Frohe Weihnachten!«, sage ich.

»Oh, wie schön«, ruft sie. »Ein Regenbogen.«

59. Das Fest der Liebe

Es ist der 23. Dezember, und ich steige aus dem Zug, der mich gerade nach Freiburg gebracht hat. Sofort entspanne ich mich und atme die reine Freiburger Schwarzwaldluft ein. Die Sonne scheint, und obwohl Schnee liegt, hat es angenehme 21 Grad. Als ich den Bahnhof verlasse, legen mir glücklich lächelnde Freiburger zur Begrüßung einen bunten Blumenkranz um den Hals und schenken mir ein Stück veganen Schwarzwälder Speck. Dann hieven sie mich auf eine goldene Sänfte und tragen mich fröhlich zum Haus meiner Eltern.

Eine unangenehme Durchsage in breitem Badisch weckt mich auf: »Sehr geehrde Fahrgäschte, wir erreiche jetscht Freiburg Haubbahnhof. Wir verabschiede uns von alle, welle hier am Arsch de Welt ausschteige müsse.«

Mein Handy klingelt. Es ist meine Mutter.

»Bist du schon da?«

»Fünf Minuten noch.«

»Immer kommst du zu spät…«

»Ich komme nicht zu spät, die Bahn hat Verspätung«, rufe ich. »Und könnt ihr mich vielleicht doch abholen?« Aber meine Mutter hat schon aufgelegt.

Eine halbe Stunde später sitze ich mit meinen Eltern im Wohnzimmer.

»Ich weiß überhaupt nicht mehr, was ich kochen soll, seit du Vegetarier bist«, sagt meine Mutter. »Es gibt ja nichts ohne Fleisch.«

»Jetzt geht das wieder los. Es gibt hunderttausend Gerichte ohne Fleisch.«

»Aber das ist dann doch kein richtiges Festessen!«

»Bei uns gab es früher immer nur Wiener mit Kartoffelsalat an Heiligabend«, mischt sich mein Vater ein.

»Das erzählst du jedes Jahr«, sage ich.

»Wiener mit Kartoffelsalat«, brummt mein Vater. »Das reicht doch, muss ja nicht immer weißgottwas sein.«

»Heute gibt es Kürbissuppe«, sagt meine Mutter.

»Siehst du, das ist doch zum Beispiel was ohne Fleisch.«

»Ja, bis auf die Fleischeinlage, sonst schmeckt es ja nicht«, sagt meine Mutter.

»Du hast die Kürbissuppe nicht wirklich mit Fleisch gemacht?«

»Ich schneide auch immer noch Schinken rein«, sagt mein Vater.

»Ich stand den ganzen Morgen in der Küche«, ruft meine Mutter. »Nur um für dich zu kochen!«

»Na gut, ich esse die Suppe auch mit Einlage«, sage ich, und wir gehen in die Küche. Ein riesiger Topf mit Kürbissuppe steht auf dem Herd. Meine Mutter kocht immer so viel, als würden mein Bruder und ich noch zu Hause wohnen. Seit wir beide ausgezogen sind, hat mein Vater bestimmt zwanzig Kilo zugenommen. Er kann eben nicht mitansehen, wenn etwas vom Essen übrig bleibt. »Ich bin halt Kriegskind«, sagt er dann immer. Er ist am 7. Mai 1945 geboren.

Nach dem Essen schüttelt meine Mutter ratlos den Kopf. »Ich weiß immer noch nicht, was ich an Heiligabend kochen soll. Es gibt ja nichts.«

»Soll ich wieder kochen?«

»Pizza, oder was?«

»Wie wär's mit einer Gemüselasagne«, schlage ich vor.

»Das isst doch dein Vater nicht«, sagt meine Mutter.

»Wenn wir androhen, es sonst wegzuschmeißen, isst er es bestimmt.«

»Ich bin halt Kriegskind«, sagt mein Vater.

»Gab es im Krieg nur Kartoffelsalat und Wiener?«, frage ich.

»Das reicht ja auch«, sagt mein Vater. »Man muss ja nicht immer weißgottwas auftischen. Manchmal reicht sogar etwas Schinken, den man noch reinschneiden kann.«

»Was schenkst du uns eigentlich zu Weihnachten?«, fragt meine Mutter. »Hoffentlich nicht wieder ein selbst gemaltes Bild wie letztes Jahr.«

»Geld«, sage ich.

Meine Eltern blicken mich erstaunt an.

Am 24. Dezember wache ich im leeren Hobbyraum meiner Eltern auf und schaue nach draußen in den etwas tristen Garten. Leider hat mein Vater ja alle Bäume gefällt. Natürlich scheint auch heute wieder die Sonne, und ihre Strahlen glitzern im erstaunlich weißen Schnee, der so aussieht, als hätte ihn jemand geputzt. Das Haus von Schmidts gegenüber ist sehr aufwendig mit Lichterketten, Rentieren und Weihnachtsmännern geschmückt, die aufgeregt in bunten Farben blinken. Mein Vater hat die eine winzige Lichterkette an der kleinen Palme vor der Haustür mit einer Zeitschaltuhr so eingestellt, dass sie nur von 20 Uhr bis 20.15 leuchtet. »Strom ist teuer!«, meinte er. »Und danach schauen wir eh Fernsehen.«

Den Tag verbringen wir damit, Rommé zu spielen – ich gewinne immer. Ich bin einfach so gut. Am Abend sitzen wir dann in halbwegs festlicher Stimmung vor dem Weihnachtsbaum. Der Baum hat leider so gut wie keine Nadeln mehr. Nachdem wir die Elvis-Weihnachtsplatte gehört haben, tausche ich mit meinen Eltern Umschläge aus. Sie schenken mir fünfzig Euro. Ich habe ihnen sechzig Euro geschenkt. Scheiße.

Mein Vater gibt meiner Mutter High Five.

»War nur ein Witz«, sagt mein Vater dann lächelnd und drückt mir noch einen zusammengerollten Geldschein in die Hand.

»Das ist aber nett, Papa.«

»Wir sind so froh, dass wir dich haben, Christian«, sagt meine Mutter.

Ich schaue, wie viel Geld mir mein Vater gegeben hat. Fünf Euro.

»Na toll, vielen Dank«, sage ich resigniert. »Wollen wir essen? Was hast du denn jetzt gekocht, Mama?«

»Gemüselasagne natürlich, mein Lieber.«

Ich blicke meine Eltern misstrauisch an.

Wir gehen ins Esszimmer, und meine Mutter stellt eine riesige Lasagne auf den Tisch.

»Ganz ohne Schinken?«, frage ich erstaunt.

Meine Eltern nicken, und meine Mutter verteilt Lasagnestücke auf unsere Teller.

»Wirklich vegetarisch?« Ich kann es kaum glauben.

»Wir machen doch alles, damit du dich freust«, sagt meine Mutter.

»Schon immer, Sebastian«, fügt mein Vater hinzu.

»Mit euch als Eltern hatte ich schon Glück.«

»Und wir mit dir«, sagt meine Mutter.

Ich schlucke. »Vielleicht muss ich jetzt gleich weinen«, sage ich, aber meine Eltern hören gar nicht mehr zu. Meine Mutter macht ein Foto von der Lasagne und lädt es bei Instagram hoch. Und mein Vater zieht heimlich ein paar Schinkenscheiben aus seiner Hosentasche und verteilt sie auf seinem Lasagnestück.

Sie ändern sich nie. Aber wahrscheinlich ist das ja auch gut so.

Inhalt

Hörbuch live und ungekürzt.

Online bestellen ab Oktober 2018 unter
www.reimkultur-shop.de